LA FAMILLE

DU

VOLEUR

PAR

LE BARON LAMOTHE-LANGON.

I.

PARIS,
ALLARDIN, LIBRAIRE,
RUE DES POITEVINS, 3.

1836.

LA FAMILLE
DU VOLEUR.

IMPRIMERIE DE MADAME POUSSIN, RUE MIGNON, 2.

LA FAMILLE

DU

VOLEUR

PAR

LE BARON LAMOTHE-LANGON.

I.

PARIS,
ALLARDIN, LIBRAIRE,
RUE DES POITEVINS, 3.

1836.

PRÉFACE.

Il y a long-temps que je ne fais point précéder mes ouvrages d'une préface. J'avais renoncé à cet autre mode de communication avec le public, trouvant inutile de le préparer à ce qu'il allait lire, et de lui demander grâce; ou, comme certains de mes collègues, de le prévenir fièrement que s'il n'est pas content de mon ouvrage, j'en suis, moi, très satisfait, ainsi que mes nombreux partisans. C'est, du moins, ainsi que s'expriment ces messieurs, qui, pour la plupart, se dépouillant d'une feinte modestie, arborent orgueilleusement un drapeau qui, à les entendre, resplendit de gloire, tandis qu'en réalité, il n'est suivi que du groupe très minime de ses adorateurs composé de sa famille et de ceux qui ont fait dire à Boileau :

Un sot trouve toujours un plus sot qui l'admire.

Une préface rédigée dans ce but, ne me conviendrait guère, pas plus que je n'approuve les comptes rendus, œuvre de l'auteur lui-même, ou de son libraire-éditeur; car, en général, sur mille articles de ce genre, à part un peut-être, et toujours rédigé avec malveillance contre un inconnu, le public saura que le reste est dû à la plume des principaux intéressés que je viens de signaler.

La naïveté de l'amour-propre d'une partie de nos écrivains est si plaisante, si persuadée du mérite MOI, qu'elle ne craint pas de confier à autrui ce dont elle est convaincue : la supériorité de MOI sur tous ses concurrens, ce MOI du jour est bien amusant, et comique surtout. On ne saurait s'imaginer en combien d'aspects il se transforme : c'est le Protée de la fable recommencé :

Tour à tour aigle fier dans les airs s'élançant,
Flamme, ou serpent livide en longs plis s'enlaçant ;
Tantôt lion superbe aux prunelles brûlantes,
Tantôt fleuve rapide aux ondes turbulentes.

Certes ce MOI ne se plaindra point que je lui fasse une part trop médiocre. Eh bien ! quelques éloges que je lui donne aucuns ne le contentera : il n'est convenablement encensé que par sa propre main. Je raconterai à ce sujet deux anecdotes contemporaines dans lesquelles j'ai joué un rôle, et que, sur mon honneur, je certifie vraies complétement. Je vais mettre en scène un défunt que je nommerai, et un vivant dont je ne désignerai le nom que par une initiale.

Je travaillais au P...... où j'insérais des articles de littérature et de nécrologie, lorsqu'on me remit un volume de Tristan le Voyageur ou de la Gaule poétique pour en rendre compte. Lié d'amitié avec l'auteur de ces deux ouvrages, admirant son talent supérieur, je crus qu'il me serait facile de le contenter, et mon travail fait d'enthousiasme fut remis au directeur encore vivant de ce journal. La seconde livraison parut, je la réclamais. M. C... avec embarras me répondit qu'il ne pouvait me la donner. M. de Marchangy s'étant trouvé loué trop mesquinement, je me récriai; et ajoutant — qui donc fera l'article ? il me fut répliqué :

l'auteur lui-même ; c'est son usage. Et d'un.

J'étais venu rendre visite, rue Mondovi, à M. G..... depuis membre de l'Académie française. Je le trouvai assis devant son bnreau, occupé à rédiger des articles pour l'un de ses ouvrages. Il était pressé, et il me pria de l'aider dans ce travail. — Bien volontiers, dis-je ; et me voilà à porter aux nues, par pure obligeance, la plus complète médiocrité.... On vient chercher nos œuvres : la mienne est livrée pêle-mêle avec les siennes et toutes sont envoyées aux journaux. Un peu de temps se passe, je m'aperçois que M. G... me bat froid, puis il cesse de me voir. J'en veux savoir la cause ; je m'en informe : j'apprends qu'il est indigné de la froideur de mes éloges : et de deux.

Je peins fidèlement une nouvelle mode,
L'erreur de tout esprit, une règle commode,
Qui permet au faquin de se donner un nom,
Et qui du sot obscur proclame le renom.

L'intrigue règne seule, et la littérature
Est un champ de bataille ouvert à l'imposture,
Où la victoire échappe à l'esprit excellent :
Des chiffres, aujourd'hui, remplacent le talent.
Le savoir disparait devant le savoir faire,
Et le temple des arts est un bureau d'affaire.
Lecteur je te surprend, j'exagère, dis-tu !
Non, non il n'est plus rien de l'antique vertu.
On ferme la carrière aux efforts du génie ;
La médiocrité dicte la tyrannie,
Usurpe la couronne et souvent le public,
Croit voir la renommée où n'est que le trafic.
Tout s'achète ou se vend : les honneurs du Parnasse,
A la bourse cottés ont leur cours sur la place.
Ils sont en magasins sous la raison *de tels* ;
C'est par commission qu'on fait des immortels.
Chaque genre a son taux qu'on débat et qu'on prise,
Et l'on met aujourd'hui la gloire à l'entreprise.

Qu'on ne s'imagine point que ceci est un paradoxe : c'est la vérité pure. Vous faites un ouvrage, est-il bon ou mauvais ? nul ne s'en occupe. — Aurez-vous des articles d'amis ? — J'en aurai, soyez sans crainte, et au défaut, je les ferai moi-même. — Et ou les insérer ? j'ai de l'argent ; d'ailleurs je donne à dîner, j'ai des soirées délicieuses ; on tient à venir chez moi; et puis la camaraderie.. la camaraderie si puissante, si bien liée entr'elle, géant-nain qui s'est emparé du temple de la Renommée.

Oui, chacun d'eux se gonfle en vaniteux ballon,
S'empare du théâtre, usurpe maint salon
A qui ne cède pas toute arène est ravie.
Contre eux la résistance est l'effort de l'envie.
Voyez les régentés, les cafés, les journaux
Pour dompter l'ennemi s'ouvrir en tribunaux.
Quand on a des prôneurs à quoi sert le génie.
Le vrai mérite cède au fat qui s'ingénie.
Qui par quatre journaux peut être soutenu
Sera demain sublime, et pourtant méconnu.
Combien en a-t-on vu de ces auteurs imberbes.
Immortels enterrés sous leurs génies en herbes,
Qui de leur propre main se dressant des autels,
S'encensent à défaut de l'encens des mortels.
Pour obtenir le droit de désarmer l'envie,
L'un se fait trépassé quoi qu'il soit plein de vie :
Dans sa franche préface il prouve à tout lecteur
Que le défunt vivant fut un illustre auteur ;
Et s'immortalisant au gré de la coutume,
Se donne avant décès une gloire postume.

Un autre à prix d'argent et fin spéculateur,
Achète rondement un éloge menteur.

Je ne dis que la vérité: cette façon de se créer une réputation littéraire se perfectionnera de jour en jour; c'est un nouvaau type comique. Molière manque pour en divertir le parterre: lui seul saurait en peindre les manœuvres et les ridicules ; lui seul enfin

Pourrait tympaniser ce triple carrillon
De tous nos jeunes boucs le plaisant bataillon ;
Grandir des avortons est leur monomanie,
On prend pour ce grand but une peine infinie ;
Et dès qu'un plat faquin, souple à les copier,
A noirci jusqu'au bout quelques mains de papier.
Que ce soit *prose* ou *rime* ou sottises *posthumes*.
Folle imitation de nos vieilles coutumes.
N'importe, on vous le baise, on l'accroche au colet,
« Il est digne de nous, il adore le laid.
Le beau lui fait horreur, il chérit le grotesque ;
Tout roi dans ses écrits parle en style burlesque.
Il n'a guère de sens, peu d'esprit, point de goût,
Il est heureux, *le cher*, il peut atteindre à tout.

En Réseaux cascadés il change la mesure,
Ses vers bien rocailleux, manquent tous de césure;
Il est original jusques dans son peignoir!
Morbleu nous verrons bien, messieurs de l'éteignoir,
Si contre ce jeune homme, honneur du romantique,
Vous ne briserez pas votre charrette antique. »

C'est ainsi que ces pontifes vantent quiconque débute sous leur enseigne. Rien n'est divertissant comme d'assister à l'une de leurs séances : c'est au pied de la lettre, la première partie de la scène fameuse de Trissotin et de Vadius. Il faut voir avec quelle complaisance ils se louent réciproquement, très assurés que les *Vantés* leur rendront la pareille ; et c'est justice que re-reconnaître avec quelle exactitude ils payent autrui en monnaie de son argent. Combien de fois j'en ai ri et me suis demandé de quel lieu ils tirent tant d'amour-propre.

Ont-ils déjà brisé, forts de leur assurance,
Le trône des auteurs révérés par la France ?

Le public satisfait de leurs écrits divers,
Approuve-t-il en tout et leur prose et leurs vers ?
Enlève-t-on leurs chants aussitôt qu'ils paraissent ?
En cent éditions, est-il vrai qu'ils renaissent?
Le succès, constamment, est-il leur avocat.
Ont-ils bien enrichi Canel et Ladvocat?
Peut-on me le prouver, la réponse est facile :
Non, ils n'ont pas dompté notre siècle indocile !
Non, le bon goût encor garde ses partisans ;
Quelques étourdis seuls forment leurs courtisans.
On connaît par quel soin, par quelle intrigue habile,
Ils soutiennent chez nous leur fortune débile.
Du bruit, beaucoup de bruit, et comme d'A.....
Pour le faire en succès n'être jamais à court.
S'éditer quatre fois, avec mille volumes ;
Et s'appuyant toujours du succès de leurs plumes.
Vendre dix mille francs par un contrat menteur.
Un tome à cinq cent francs livré par son auteur.
Donner de toutes mains, par douzaine complette,
L'œuvre dont les lecteurs dédaigneraient l'emplette.
Se produire à tout prix, dut-on rebuter net,
Le lecteur qui les fuit dans chaque cabinet.
Du romantisme ainsi des adeptes agissent ;
Avec de grands efforts parfois leurs noms surgissent,
Mais hors de la barrière ils ne parviennent pas.
On ne sait qu'à Paris leur gloire et leur trépas.
Anx dehors de ses murs, l'intrigue tant puissante
Ne peut du camarade aider la suffisance.

La province entêtée en son bon sens épais,
Les traite en morts vivants à qui Dieu fasse paix.
Mais de leur part aussi, quel bruit et quel tapage :
C'est vraiment Lucifer avec son équipage.
Nous avons, disent-ils, au public annoncé,
Que des vieux rimailleurs le règne était passé.
Que nous venons finir une autre ère idolâtre
Et que faisant la guerre à l'antique écolâtre,
Nous nous sommes nommés franchement entre nous,
Demi-dieux que l'on doit adorer à genoux.
Que TEL est un César, que TEL fait des miracles ;
Que les hymnes de TEL remplacent les oracles.
Que nous sommes *voyans*, que le génie altier,
Dans nos *chastes* écrits respire tout entier.
Que si nous négligeons le nombre et la grammaire,
C'est pour ne pas écrire en style de grand'mère.
Que nos vers durs ou plats, niais ou trop boursouflés,
Méritent tout éloge, et sont à tort sifflés.
Que venir en riant de notre règne imberbe,
De la Sainte-Playade endommager la gerbe,
C'est mauvais procédé, c'est coupable attentat :
Qui fouette un romantique est traître envers l'État.
L'ordre, la paix, la loi, sur nous seuls tout repose.
De la gloire et des biens notre secte dispose.
Elle est toute géante et n'a pas un seul nain,
Et si vous en doutez, demandez-le à J....

Souvent un homme d'esprit que la camaraderie effraie, se range en effet parmi eux et les soutient à contre cœur; mais par peur d'avoir à les combattre

N'osant pas avouer que de ces arlequins,
Les écrits en naissant forment des vieux bouquins.

Ce n'est pas sans courage qu'il faut les combattre, et de leur côté ils se mettront cent pour accabler l'homme de lettres indépendant qui refuse à s'enrôler dans leur cotterie. N'importe, je ne les crains pas, et comme chaque jour je vois leurs immortels mourir, quoique pleins de vie, je peux dire comme l'abbé de Bernis au ministre de sa feuille : Eh bien ! j'attendrai.

C'est surtout dans le genre des romans, que les génies modernes abondent; les plus ignorans s'adonnent en général au genre historique : c'est le plus facile à exploiter. Ils ont besoin de trente ans pour remplir deux volumes. Les peintures de mœurs, les descriptions de costumes, de meubles, de palais, les copies de pages volées çà et là, le tout cousu ensemble forme des chapitres, et l'auteur a peu à y coudre du sien; puis il se met en course, et grâce aux amis, il félicite la France du bonheur d'avoir son Walter Scott, sans que pour cela la France s'en doute.

N'allez pas leur demander le développement des passions dans le cœur humain, l'art particulier de montrer les caractères au moyen du dialogue, et celui d'attacher par une action simple et qui se passe en peu de jours : ils en sont incapables. Ce n'est qu'à l'aide d'un récit immense qu'ils peuvent se tirer de leur travail. Ont-ils étudié l'homme ainsi que l'a fait M. de Balzac et le génie sublime qui a pris le nom de Georges Sand? possèdent-ils cette plume délicate de madame de Flahault et de madame Armande Roland? Qu'il y a de charme à lire les productions de ces dames! là tout est simple, pur, gracieux, naturel; là, jamais une peinture obscène ou une nature trop triviale; là est le goût exquis, l'art des convenances, le tact qui s'arrête devant un défilé qu'on ne peut franchir. Il en est des romans modernes comme du théâtre, on ne peut les lire sans rougir, sans salir son cœur et sans porter atteinte à de dignes sentimens. Je sais qu'il y a d'autres auteurs fidèles à la règle de la décence; je voudrais pouvoir les nommer; mais je craindrais, en le faisant, d'augmenter le nombre des ennemis que cette préface peut me faire. Nous sommes à une époque étrange, où les loups, non au figuré, mais très réellement, dévorent ceux qui se refusent à hurler comme eux. L'intolérance du siècle est sans égale: imite-nous, ou l'on t'écrasera ; voilà ce qu'on crie, à nous qui avons combattu et qui combattons encore pour les principes positifs, et qui n'ayant jamais courbé le front devant les sottes idoles qu'on adore, avons conservé notre indépendance d'homme d'honneur et d'homme de lettres.

I

La Sœur et le Frère.

> Confucius prétend que si l'on vous dit que deux montagnes se sont rendu visite, vous pouvez le croire ; mais si on ajoute qu'un caractère a changé, secouez la tête, passez, et n'y donnez aucune foi.
>
> *Sagesse des Orientaux.*

— Oh ! il ne viendra pas, Jules, sois-en certain ; il ne viendra pas !

— Eh pourquoi ne veux-tu pas qu'il vienne, Lucie ? il me semble qu'il laisse passer peu de jours sans nous voir, Louis est notre ami, il aime ma société, et je me plais à croire qu'il ne s'ennuie pas dans la tienne.

—Cependant, il n'accourt ni ne fait rien dire, cinq heures vont sonner; le soleil est prêt à disparaître derrière le côteau de Perpan, la moitié des voitures au moins qui doivent se montrer à Saint-Cyprien, se seront retirées; il n'y aura plus personne au cours Dillon; et puisque Louis n'est pas venu, il est inutile que nous traversions la ville et la rivière.

— Ma sœur, ma petite sœur! voilà un propos auquel je ne donnerai pas mon consentement: faudra-t-il nous cloîtrer comme d'anciens moines lorsque tout Toulouse est en passe de se divertir? manquerai-je la promenade où je verrais tant de beau monde, où Cécile, où Justine, où Mariane seront et doivent être à nous attendre? De par Saint-Exupère, je n'ai garde de faire cette folie; moi, enfant de la ville, je ne soumettrai jamais mes plaisirs aux caprices d'un étudiant en droit. Veux-tu venir avec moi, oui ou non?

— Et s'il arrive lorsque nous serons partis?

— Il prendra sa course et tâchera de nous

rejoindre; allons, mets ton bonnet, prends ton schal et sortons.

Lucie Renal aurait bien voulu se refuser au désir de son frère; mais le sentiment de pudeur inné dans le cœur d'une jeune fille, s'opposa à ce qu'elle donnât la preuve positive de l'amour qu'elle donnait à Louis Marnaud; elle suivit les conseils de Jules, acheva sa toilette modeste, et ne sortit enfin de la maison, située sur la place des Pénitens blancs, que lorsque la patience de son frère eut été complètement épuisée. Il y a loin de ce lieu au cours Dillon, promenade de la ville de Toulouse, située sur la rive gauche de la Garonne. Le couple, agité de pensées diverses, traversa la rue du Vinaigre, la place Saint-Georges, la rue du Musée, celle qui porte le nom gastronomique de *Gourmande*, celle de Clémence-Isaure, et déboucha sur le pont de la Garonne, magnifique ouvrage de Mansard; le Fenetra où il allait, sorte de Long-Champ toulousain, est une réunion de gens de toutes classes qui a lieu chaque dimanche du Carême à compter du second et toujours sur un point différent. Si on voulait faire de la science, on redirait au lecteur ce que maint livre auraient appris touchant l'origine des *Peretras*; mais comme l'érudition est très inutile, je me contenterai d'apprendre que deux opinions principales divisent les érudits, l'une, et c'est la plus probable, fait remonter l'établissement de ces promenades extramurales aux honneurs funèbres que les Romains rendaient aux morts dans le mois de février, l'autre veut que le désir d'entendre un prédicateur ait amené aux jours premiers de l'établissement du christianisme une foule pieuse tantôt sur un point, tantôt sur un autre, et que l'espérance de convertir la masse du peuple a dû faire répéter souvent ces mots en langue du pays : *la fé naitra* (la foi naîtra), ce qui, au reste, ne semble guère admissible; mais au fond ceci m'importe peu, et assurément n'importe pas d'avance à celui qui veut bien me lire.

Tant il y a, que d'une façon ou d'autre, les Fenetras sont des réunions charmantes, où l'on étale, à l'envi les uns des autres, une parure recherchée, un grand luxe de voitures ; où les amans se donnent rendez-vous ; où les indifférens s'amusent plus qu'eux, et où l'observateur trouve ample récolte à grossir ses notes philosophiques. Il n'y a pas de jeune fille noble, bourgeoise ou de grisette, car ces trois classes existent, à Toulouse, dans toute la rigueur de l'ancienne classification, qui ne sente battre son cœur à la pensée qu'elle ira étaler ses charmes aux Fenetras, et qui pendant toute l'année n'en parle au moins cinq ou six fois. C'est le lieu où l'on acquiert le plus vite, et de la façon la plus solennelle, une réputation de gentillesse, de grâce et de beauté ; c'est là que, par une préférence légère, on annonce le choix de son cœur ; là que se rendent les fiancées portant chacune un bouquet énorme de fleurs, nouveau à chaque Fenetra, et qui, jusqu'au dernier, doit augmenter d'éclat et de volume. Enfin, les Fenetras sont à Toulouse, des fêtes nationales, chères à l'enfance, à la jeunesse, à l'âge mûr et même à la décrépitude. Maintenant que j'ai épuisé la matière, non pour un Toulousain, mais pour un étranger, je reviens sur la Place-du-Pont rejoindre le frère et la sœur Renal.

Jules avait décrit, à merveille, la position du soleil à sa sœur. Cet astre descendait derrière Perpan; il dorait de ses derniers rayons le vaste quai Saint-Pierre; l'église non achevée de la Daurade et la haute tour de la Dalbade, tronquée profanément par les Vandales de 1793. Le ciel resplendissait de toute la pompe du soir; de larges teintes d'un pourpre violâtre et d'un vert radieux s'étendaient à l'horison, par bandes superposées et fondues les unes dans les autres; quelques nuages aux formes bizarres et découpés par de riches jets de lumière, flottaient çà et là dans la vaste étendue du firmament; l'air était doux et chaud, quoique l'on fût encore au mois de février; la Garonne animait de la pureté de ses eaux transparentes la richesse d'un paysage qui s'étendait vers le nord-ouest sur de vastes plaines et sur le moulin du Bascale, que de beaux rideaux de peupliers accompagnent; et vers le midi, et en-arrière des collines fertiles de Pech David, les gigantesques Pyrénées couvertes d'une neige lumineuse montraient leurs cîmes dentelées. Quelques barques en petit nombre voguaient lentement sur la rivière, et la foule encombrait toutes les allées prolongées du cours Dillon.

Lucie ne donna aucun regard à la magnificence de cette décoration naturelle; une seule pensée l'occupait, celle de chercher la cause du retard de Louis Marnaud; il ne l'avait pas accoutumée à cette négligence. Louis l'étudiant était le meilleur des amis et le plus exact des amans; il aimait depuis trois ans Lucie Renal; il l'aimait avec toute la vivacité d'une âme impétueuse et la franchise d'un honnête homme. Louis avait vingt-cinq ans; destiné, d'abord, à une autre carrière, il avait suivi celle des armes; et conquis la croix d'honneur et le grade de capitaine devant la Corogne, dans deux ou trois affaires, presque chaudes, de la promenade militaire d'Espagne en 1823. Au moment où il s'était retiré du service, ce n'était pas, du moins, sans avoir fourni la preuve qu'il possédait les vertus militaires propres à faire un soldat français. Mais Louis Marnaud, au lieu de se livrer à l'insouciance de ses camarades, cherchait le travail. La guerre cessait; la tranquillité de l'Europe ne laissait pas espérer de nouvelles occasions de conquérir de la gloire; il donna sa démission et vint à Toulouse se livrer à l'étude des lois.

Cet acte d'indépendance déplut à son tuteur, car Louis Renaud était orphelin; il n'avait jamais connu son père, et à peine s'il se souvenait des larmes qu'il versa sur le cercueil de sa mère. Il continua, après sa mort, de vivre sous la surveillance de M. Lubert, honnête épicier de Toulouse, qui se disait le substitut de son tuteur; celui-ci, dont on ne citait jamais le nom, habitait Paris; il donnait de là ses ordres : on les suivait ponctuellement. Ce fut lui qui envoya Louis, jeune encore, à l'école de Saint-Cyr, qui l'en fit sortir sous-lieutenant, et qui le dirigea vers l'Espagne. Ce tuteur, personnage très bizarre, disposait de son pupille, et cependant, ne le voyant jamais, Louis ne connaissait de lui que ses volontés et que sa signature ; il paraissait accoutumé à tout faire plier devant sa volonté, mais la nature, dans un de ses caprices ordinaires, lui opposa le jeune Marnaud, dont le caractère peu maniable ne se soumit pas long-temps à ce despotisme mystérieux.

Il y avait en Louis cette énergie d'une âme supérieure qui appuie ses résolutions sur la vertu ; il marchait la tête haute, regardait les gens en face, soutenait son opinion, et, poli avec ses supérieurs, ne cédait pas une ligne à ceux qu'il appelait ses égaux. Plein de déférence pour la vieillesse, il la traitait avec une respectueuse froideur qui écartait toute familiarité ; si bien, qu'involontairement, les plus vaniteux de Toulouse, lorsque le hasard les rapprochait de lui, descendaient forcément de leur morgue nobiliaire et lui parlaient toujours avec égard. Ce n'était néanmoins qu'un jeune homme sans rang, un obscur orphelin, brave, sans doute, aimable par nature et travaillant à s'instruire par nécessité, car il n'était pas riche. L'épicier Lubert lui répétait chaque jour qu'il ne possédait que trois mille francs de rente dont son tuteur avait conservé la disposition au-delà même de l'âge fixé par la loi. Le tuteur ne paraissait nullement pressé de rendre ses comptes et Louis ne les demandait pas. Ce dernier avait essuyé de vifs reproches lorsque, sans rien dire, il s'était avisé de quitter l'épée; mais il donna de si bonnes raisons, il se montra si ferme, si conciliant dans la correspondance, que le querelleur sans nom avait fini par ne plus rien dire, et par consentir à ce que son pupille se livrât à l'étude des lois.

Notre étudiant par le fait ne l'était plus; il faisait alors son stage : on le voyait le matin au Palais, écouter ses confrères et s'enrichir de leur science; mais, lorsque le Démosthène du midi, l'éloquent Romiguière, se faisait entendre, quand il défendait le faible contre l'oppression du puissant; lorsque ses accens sublimes dénotaient une conviction passée dans l'âme des juges, alors Louis Marnaud relevait sa tête fortement colorée, il croisait ses bras sur sa poitrine comme pour contenir les mouvemens de son cœur, et il se jurait de suivre de son mieux un si habile confrère; et, s'il ne pouvait avoir son talent supérieur, de n'employer le sien qu'à la défense du malheur et de la faiblesse.

Louis logeait dans la rue de la Pomme, il occupait au deuxième étage un appartement simple et modestement meublé; il n'avait pas de domestique, une femme de ménage venait chaque matin faire le sien, il mangeait tantôt dans une pension bourgeoise, tantôt chez un restaurateur; il possédait peu d'amis, le premier de son cœur était Jules Renal : était-ce bien Jules qu'il choisissait par excellence? ne croyait-il pas l'aimer de cela seul qu'il adorait Lucie? Lucie la plus fraîche, la plus blanche, la plus jolie fille de Toulouse, Lucie la bonne et douce créature, qui sous une figure gracieuse cachait une âme élevée, qui vivait heureuse dans l'obscurité, et qui plaçait sa raison à se contenter du présent sans trop s'occuper de l'avenir.

Elle avait connu Louis au lieu où naissent presque tous les amours de Toulouse, dans une église, à Saint-Étienne, pendant la solennité de la semaine sainte. Louis en même temps s'était lié avec Jules, et cette liaison ne pouvait avoir lieu sans difficulté : le jeune Renal ne ressemblait en aucune manière à sa sœur; étourdi, menteur, effronté, dissipé, mauvais sujet même, il ne voyait dans la vie que des jours à passer au milieu du plaisir; il cherchait partout la distraction, fuyait le travail, hantait les billards et les cafés, d'autres endroits moins honorables, et il était l'ami de Louis; oui, ces choses arrivent souvent dans le monde : les héros de romans seuls choisissent toujours ceux qui doivent partager leur amitié; dans la réalité, les choses marchent autrement, les anomalies rapprochent d'ailleurs. Lucie était là, et Lucie remplaçait les vertus que son frère aurait dû avoir pour mériter cet attachement que Marnaud lui accordait avec une entière franchise.

J'ai dit ce qu'il fallait apprendre et je reviens à mon récit : —Que me veut-on encore ?— un

mot, quels étaient les parens des deux Renal?
— La mère était morte, le père voyageait presque toujours, les deux jeunes gens vivaient à peu près dans une indépendance complète peu contrebalancée par le crédit de leur servante, la mère Jacot, bonne paysanne, qui née en Auvergne avait suivi ses jeunes maîtres depuis dix ans que leur père était venu établir son domicile à Toulouse.

Lucie traversait le pont en tournant la tête à chaque instant ; elle passa sous le lourd arc de triomphe élevé à Louis XIII, roi singulièrement vénéré à Toulouse, où chacun se demande pourquoi : elle tourne à gauche, et la voilà sur le quai avec son frère au milieu d'une foule animée par toutes les passions du plaisir. Jules n'avait pas atteint la moitié de l'allée, que déjà cinquante jeunes gens lui avaient touché dans la main, et que trente jeunes filles en passant auprès d'eux avaient rougi de satisfaction ou de colère. Qui ne le connaissait? c'était le point de mire des grisettes, des jeunes gens et des hommes raisonnables : il plaisait aux premières, il se liait avec les seconds, et les derniers ne le désirant ni pour ami de leur fils ni pour amant de leur fille, sa réputation ne brillait pas toujours, et il portait la peine de la légèreté de sa conduite.

Jules, obligé de donner le bras à sa sœur, ressemblait au coursier à peine soumis au joug et qui mord le frein ; il grondait presque Lucie, jurait après Louis, et appelait de tous ses vœux la rencontre des deux jeunes personnes, qui seules méritaient le nom d'amies de sa sœur. L'une était Marianne Delpeyre, l'autre Cécile Melon, toutes les deux leurs voisines, et toutes les deux affiliées avec Lucie à la congrégation du Saint-Sacrement. On les qualifiait dans le quartier de précieuses superbes, de reines Percinettes, selon l'expression du pays ; et cela parce qu'à la promenade elles ne sortaient pas avec tout le monde, et que chez elles on ne voyait jamais qu'un seul homme reçu ; ou leur parent, le cousin obligé, ou le fils d'un ami de la famille. Enfin, on les trouva ; oh ! comme la joie de Jules fut complète, avec quelle pétulance il leur remit la garde de sa sœur, et comme en bondissant il se précipita au milieu de la foule, impatient qu'il était de se rapprocher de ses camarades de plaisirs!

Cécile et Marianne reconnurent un redoublement de mélancolie qui obscurcissait le joli visage de Lucie, qu'elle n'était pas contente ce jour-là.

— Est-ce que tu ne l'as pas vu? demanda la vive Marianne.

— Non, fut-il répondu, il devait venir nous prendre à trois heures, à cinq il n'était pas arrivé.

— Où peut-il être? dit Cécile.

— Où sont les vôtres, mesdemoiselles? car enfin, nous voilà seules toutes les trois.

Les jeunes Toulousaines rougirent involontairement; puis Marianne s'écria avec gaieté:

— Je suis d'hier brouillée avec mon cousin.

— Léon, dit Cécile, est parti ce matin pour aller voir son père qui est bien malade.

Cela dit, on se promena en formant une ligne de bataille. A quelques pas des deux jeunes filles Melon et Delpeyre, madame Melon, marchande de toile en détail, avait en outre la surveillance en chef de tous les ménages habitant la rue du Cheval-Blanc, des places des Pénitens blancs et noirs, et de Saint-Georges; elle en connaissait le fort et le faible, les vices et les vertus; elle tenait ses amies au courant de tout ce qu'elle apprenait, et même, parfois, de ce qu'elle imaginait. C'était une commère à la parole rapide, au coup-d'œil investigateur; qui ayant beaucoup fait parler d'elle dans sa jeunesse s'en dédommageait maintenant sur le prochain.

Madame Delpeyre, tante de Marianne, était citée en raison de sa haute piété, ce qui ne l'empêchait pas d'être une peste publique, et qui chaque matin avant de se mettre à l'ouvrage dépeçait quatre ou cinq bonnes réputations : elle ne voulait connaître que le vice, la vertu n'existait que chez elle et chez son confesseur, l'abbé Simon, premier vicaire de la paroisse Saint-Etienne, de laquelle dépendait la place des Pénitens blancs. C'était une de ces fanatiques impétueuses, de ces triomphantes de la congrégation moderne, ne parlant que de l'extermination des pécheurs, et demandant à Dieu dans toute la ferveur de leur âme, la possibilité de faire arder les impies sur cette terre afin de leur éviter dans l'autre les brasiers qui n'auront pas de fin.

—Voisine Melon, que vous semble de Lucie ? trouvez-vous qu'elle remplisse exactement ses devoirs religieux ?

— Bon! elle en remplit bien d'autres, elle est propre à tout: elle prie à l'église, fait son ménage à la maison, et l'amour, le soir, en plein air.

— Plaise à Dieu, que ce ne soit pas dans quelques cavernes des environs de la Porte-Neuve! son galant hier soir la mena de ce côté.

— Cela pourrait bien être; j'ai vu sortir d'un lieu suspect, la femme d'un de nos négocians.

— Et moi, celle d'un noble; car, comme le dit l'abbé Simon : Le siècle marche vers l'abîme. Vous n'êtes pas venue ce matin entendre ce brave homme ; ah ! comme il a prêché !

—Je n'ai pu : madame Lebat avait surpris son mari caressant le menton de leur servante ; la pauvre femme est venue me conter ses chagrins, je l'ai consolée, et nous ne sommes arrivées à Saint-Etienne que pour la messe du *credo*. — Savez-vous quand reviendra le père de Lucie?

— On l'attend tous les jours, Marianne me l'a dit tantôt.

— Il ferait mieux de rester chez lui que de courir les champs pour affaire de commerce; il *travaille dans les bijoux*, il donne aussi *dans la dentelle*, on gagne gros avec ces deux états; mais il faut s'absenter, et pendant le temps où l'on demeure en route, votre fils devient un mauvais garnement, et votre fille prend la même route. Ce Jules est un misérable bandit, j'ai défendu aux miens de s'approcher de lui, et mes neveux ainsi que ma nièce ne font que ma volonté.

La conversation finit là; une voiture traînée à quatre chevaux, une livrée neuve, un écusson qui ne l'était point attirèrent les regards des deux commères, et elles firent une demi-trève avec le prochain. Cependant les trois amies continuaient à s'occuper non de ceux qu'elles voyaient, mais des absens; le cousin de l'une, le fils du correspondant de l'autre, l'avocat stagiaire de Lucie, fournirent aux frais d'une causerie animée. Marianne était la plus rieuse quoiqu'elle eût maille à partir avec son amant qui l'accusait de coquetterie; elle jurait ses grands dieux qu'il avait tort, et la voix publique lui donnait complètement raison en cette circonstance.

Six heures sonnèrent à l'horloge de la paroisse Saint-Nicolas, le jour avait presque entièrement disparu, la plupart des promeneurs étaient partis; quelques-uns encore, ceux qui ayant dîné entre midi et deux heures, attendent patiemment l'instant du souper, restaient invités par la douceur de l'air et par l'éclat de la lune qui brillait au milieu de quelques légers nuages; aucun vent ne troublait la sérénité du ciel, le froid ne faisait point sentir son piquant aiguillon. Les trois amies, plus rapprochées alors de leurs surveillantes, avaient suspendu leur babil sentimental; elles ne parlaient plus, ou, pour mieux dire, restaient en conversation muette avec elles-mêmes, interrogeant leur cœur qui leur répondait ; enfin on donna le signal de la retraite, chacune rentra chez soi, Lucie plus souffrante que ses amies. Louis le bien aimé, Louis n'était pas venu : quel soin l'avait arrêté, quel obstacle s'était interposé entre lui et elle? ce fut le motif des réflexions de Lucie pendant tout le reste de la soirée; elle la prolongea le plus possible dans l'espoir de voir arriver Louis, ce fut en vain, il ne parut pas, et cette absence extraordinaire et non motivée éleva d'étranges soupçons dans le cœur novice qui ne connaissait pas encore les peines de l'amour.

II

Le Père et les Enfans.

> Dé raço lé gous cassou.
> Le chien chasse selon son origine.
> *Proverbe languedocien.*

Onze heures sonnaient! on frappa à la porte, trois coups et avec violence; Lucie tressaillit... Un instant elle crut.... Non, la main qui avait soulevé le marteau était trop rude : ce n'était pas ainsi que Louis heurtait... Le pas bruyant de Jules, les éclats de sa voix se firent entendre, il se précipita dans la salle basse donnant sur le jardin, et qui servait à la fois de salon et de salle à manger.

— Ah! Lucie, tu veilles encore? Lucie, tu n'es pas couchée? Il t'a donc oubliée pour tout ce soir, ma pauvre petite sœur? Ce grand et froid Louis!... Oh! qu'il est loin de ressembler à Gabriel Gimont! C'est celui-là qui est un bon camarade!... C'est bien dommage que tu ne veuilles pas de lui, il te rendrait diablement heureuse....

— Tu as besoin de te coucher, Jules, ta tête n'est point trop saine; tu vois bien mauvaise compagnie, et tu rentres dans un pietre état.

— Or ça, pas de sermon, pas de mercuriale. J'ai bu, c'est vrai! Je fréquente d'excellens garçons qui ont le cœur sur la main, et ne sont point des sages, des sournois; mais des gaillards dont nos jeunes filles raffolent! et je te répète que tu as grand tort de refuser Gabriel Gimont. Où donc es-tu passée tantôt? Nous t'avons cherchée à dix ou douze que nous étions, chacun avait avec lui sa sœur ou sa cousine; nous nous sommes rabattus chez Dutemps, nous avons mangé comme des loups, bu comme des templiers, et nous étions gais, gais comme des enfans de Toulouse.

— Il en reste quelque chose, répondit Lucie en souriant; mais va te coucher, mon frère, tu n'es pas bien.

— Non, par la mort! diable, je ne me coucherai pas, je veux passer la nuit en fête, je suis rentré pour changer de linge et pour prendre de l'argent; nous allons rire et sauter dans une maison, proche de la porte Arnaud-Bernard, où certes il se fera d'étranges choses! veux-tu venir avec moi?

Lucie ne lui répondit pas, elle alluma une lampe et se disposa à monter dans sa chambre; Jules se mit entre elle et la porte.

— Alte-là, s'il vous plait! On ne sort pas ainsi du bord sans payer le passage, et ensuite sans avoir écouté ce que j'ai à te dire.

— Vilain débauché, répliqua Lucie en le baisant au front, puisque tu te refuses à rester ici comme tu devrais le faire, il ne me convient plus de causer avec toi; mais demain, si tu as quelque folie à me faire entendre, tu me trouveras levée de bonne heure, peut-être même avant que tu sois rentré.

— Lucie, crois-moi, laisse-là Louis, Gimont vaut mieux! celui-là est un homme; il étudie moins, mais il saura davantage te prouver son amour.

— Mon frère, dit Lucie avec émotion, et non sans une teinte de sévérité, je suis honteuse pour toi du vilain rôle que tu joues; quoi! tu es l'ami de Louis, et c'est contre lui que tu parles! tu fréquentes Gimont, tu le connais dans sa vie, et c'est lui que tu voudrais me donner pour mari? Ah! Jules, est-ce que les fumées qui montent à la tête, envelopperaient aussi le cœur?

La force de ce reproche atteignit le jeune homme, il rougit, passa sa main sur son visage.

— Je suis bien quelque chose de pis, peut-être. Oui, ma sœur, j'ai tort de chercher à perdre Louis dans ton esprit, mais Gabriel Gimont est toujours après moi, il me tourmente, il m'obsède. Sais-tu, Louise, poursuivit-il en se rapprochant d'elle et en parlant à voix basse, que quelquefois, lorsque j'examine sa haute taille, sa belle figure, et que j'entends ses propos, il me semble que Satan a revêtu les formes d'un ange. C'est un diable que cet homme-là, il fait de moi ce qu'il veut, me dirige à sa fantaisie. Ma sœur, je t'en supplie, ne me crois pas lorsque je le vanterai devant toi, ne m'écoute point lorsque je viendrai te dire de l'aimer, il ne méritera jamais ta tendresse, et pourtant en est-il un plus beau, plus fier, plus spirituel, plus audacieux ?

— Jules, reprit Lucie en prenant son frère dans ses bras, Jules, monte avec moi, va te mettre au lit, demain tu seras tranquille. Qui sait ce que tu feras demain si tu passes cette nuit hors de la maison ?

Jules secoua tristement la tête.

— Non, ma sœur, je ne puis rester, j'ai promis à Gabriel d'aller le rejoindre, je sais la valeur d'un tel engagement.

— Vous n'allez donc pas boire et passer la

nuit à vous divertir ensemble, puisque tu mets tant de prix à être exact?

— Si si, répondit Jules en même temps qu'il pâlissait, nous allons faire les fous, rire aux larmes, nous réjouir comme des perdus.

Et en s'exprimant ainsi, Jules démentait par une tristesse involontaire qui couvrait son visage, les plaisirs que ces paroles annonçaient.

— Mon ami, dit Lucie, prends garde à ce que tu feras, tu as vingt-deux ans, tu ne travailles point, tu fréquentes de mauvais sujets, songe à l'avenir.

— Par Dieu, à qui en est la faute? à moi, qui me livre aux impulsions de mon âge, ou à mon père qui m'oublie et qui me laisse reposer les bras croisés?

— Jules, tais-toi, ne parle pas de notre père, n'abuse point de la confiance qu'il t'accorde.

— Je l'aimerais davantage s'il en avait moins; que ne m'occupe-t-il? pourquoi sans cesse est-il en course? que ne m'emmène-t-il avec lui? je ne croupirais plus dans l'oisiveté, je ne consumerais pas ma vie en vains amusemens, je me sauverais de certaines liaisons.... Ses affaires sont donc bien importantes? il est toujours en mouvement, à peine si de loin en loin il passe avec nous une ou deux semaines; l'avons-nous jamais possédé un mois, veille-t-il sur nous? si tu te conduis bien, en aura-t-il la gloire ? il nous livre à notre propre force. Tu en as, toi, et moi j'en manque, Lucie, il m'aurait fallu un autre père pour être heureux.

La jeune fille embrassa son frère une seconde fois, elle le poussa vers l'escalier.

— Allons, que tes bonnes réflexions te servent cette nuit; demain, si ton ami Gimont se fâche, je le recevrai pour m'accuser de t'avoir retenu. Viens, mon frère, sois raisonnable, sacrifie-moi une fête où te poursuivrait le souvenir des larmes que ta sœur va répandre.

Jules, touché des douces paroles de Lucie et pouvant, à la clarté de la lampe posée auprès d'eux sur le buffet, reconnaître combien elle était peinée de son départ, balançait, ne sachant trop que faire. Sa promesse faite à l'étranger le tourmentait, mais l'insistance de sa sœur touchait plus vivement son àme, il allait céder peut-être, lorsqu'un coup de marteau retentit le long du corridor; ce coup plus sec, plus bref que ceux portés par la main de Jules, surprit et troubla le frère et la sœur.

— C'est Gabriel qui se sera impatienté de mon attente! murmura le premier; allons, il est dit que je ne lui échapperai pas.

Et tout aussitôt il s'élança pour courir ouvrir la porte, tandis que Lucie le suivait d'un regard mélancolique. Ce n'était pas Gabriel Gimont qui heurtait; un cri échappa à Jules, et Lucie avertie par l'inflexion de ce cri s'élança, et elle aussi tomba dans les bras de leur père. C'était M. Renal qui arrivait; ses enfans le ramenèrent en triomphe dans la salle basse, et tandis que Jules allait réveiller la mère Jacot, Lucie ouvrit le buffet et se hâta de dresser le couvert.

Le nouveau venu, après le premier instant, donné toujours à la tendresse, regardait avec une sorte d'indifférence les préparatifs de son repas nocturne et la joie de ses enfans. Il s'était assis sur un vaste canapé de paille recouvert d'une toile de coton à carreaux blancs, jaunes et rouges; il croisait les bras, restait immobile comme s'il eût été accablé par la fatigue ou par les souvenirs. La servante survenue commença la série ordinaire de ses exclamations; elle interrogea son maître, qui de son côté répondit avec sa briéveté et son impatience accoutumées. Lucie était venue s'asseoir auprès de lui; elle baisait sa main, elle caressait son front que les fatigues avaient ridé, pendant le temps que Jules, appuyé contre un meuble, examinait l'ampleur du porte-manteau que son père avait jeté dans un coin de la chambre.

— Vous voilà donc, mon père, dit Lucie, vous êtes parti depuis le douze janvier, et sans nous donner dès-lors de vos nouvelles.

— Je ne le pouvais guère, répondit M. Renal; les soins multipliés de mon négoce, les tracas qui s'ensuivent; les marchandises à placer, les fonds à faire rentrer; les banqueroutes dont il faut alléger le poids: tout cela accable à tel point un marchand, qu'il n'a pas le temps de causer par lettres, avec ceux qui lui sont bien chers. ne vous tourmentez pas de mon silence; quand vous ne saurez rien sur mon compte, ce sera bon signe, le malheur n'est que trop tôt connu.

Il dit, et une sorte de sourire sardonique effleura ses lèvres; il poursuivit :

— Toi, Lucie, tu es une excellente fille, tu travailles, j'en suis sûr, du matin au soir; mais toi, Jules, fais-tu de même? es-tu occupé?

— Et à quoi, s'il vous plaît, mon père, quelle tâche m'avez-vous imposée ?

— Tu as raison, mon fils, je n'ai rien fait de toi, je n'ai jamais voulu que tu prisses une profession; ainsi, règle générale, ta journée n'est jamais remplie par un devoir forcé. Mais il me semble que je paye des maîtres de peinture, de musique et de langues étrangères; ton éducation qui aurait dû être finie à dix-huit ans, n'est pas complète à vingt-deux; ces travaux agréables sont-ils pour toi sans attrait? M. Jacquemin est cependant un bon maître, et en suivant ses conseils, tu peindrais le portrait avec un vrai talent, des gens de goût vantent le sien.

Aimes-tu mieux la musique ? est-ce que ton maître de flûte néglige de te donner ses soins?

— Non, mon père, mais je m'ennuie; je voudrais faire quelque chose.

— Quoi? mon fils.

— Par exemple, vous suivre.

— Me suivre ?...

— Travailler avec vous.

— Travailler avec moi?... Est-ce sérieusement que tu parles, Jules! s'écria M. Renal, en déployant une voix de tonnerre et en se levant de son siége sans y songer; l'éclair, en outre, qui partit de ses yeux confondit le jeune homme qui ne put comprendre en quoi il avait offensé son père, auquel il repartit en tremblant :

— Est-ce donc avancer une chose si coupable que de vouloir être négociant comme vous?

— Dieu te garde de mon commerce, répliqua le père avec amertume; ce commerce, mon enfant, offre trop de risques pour être livré à ton inexpérience : je te connais, Jules, ta légèreté naturelle ne permettrait pas de faire de toi un bon commis-voyageur. Cultive les arts, livre-toi à des délassemens agréables, mais ne prends aucun état, aucune profession, rien qui te lie à une ville plutôt qu'à une autre, à cette terre-ci plutôt qu'à cette terre-là. Est-on venu me demander pendant mon absence? dit ensuite M. Renal.

— Oui, mon père, répondit Lucie, deux commis-voyageurs; un Espagnol...

— Ah! el senor Mundèsca?

— Et un Parisien.

— Oui; M. Mattel, ce marchand de dentelles comme l'autre est marchand de bijoux; et qu'ont-ils chanté?...

— L'Espagnol vous attend à la foire de Perpignan; le second vous recommande de ne pas négliger Paris dans vos courses de cette année.

— Peut-on être partout? je suis néanmoins furieusement actif; aussi ne vois-je pas quelle est la contrée que je ne visite tantôt aujourd'hui tantôt demain. Mais il est tard, je n'ai plus d'appétit; bonsoir, mes enfans. Tiens, Jules, porte ces pistolets dans ma chambre et ce damas en demi-sabre aussi. Hein, que te semble de mes armes, elles sont belles, et, mieux encore, elles sont bonnes : on en a tant besoin lorsque l'on voyage !

— Est-ce qu'il y a beaucoup de voleurs en route?

—Des voleurs, ma fille, as-tu dit? oui, il n'en manque pas. Il y a des voleurs parce que les fortunes ne sont plus également partagées; parce que le fort dévore le faible : les voleurs, entends-tu, sont le contrepoids que la misère place dans la balance pour la ramener à l'équilibre. Il y en aura long-temps encore.

— Et vous ont-ils attaqué souvent?

— Non, pas eux, mais ceux qui les pourchassent; ceux qui veulent tout pour eux et rien pour les autres, car eux sont les voleurs privilégiés. Un pauvre marchand a beaucoup à faire pour se défendre des exactions dont on le rend la victime, ma fille; il court souvent moins de danger sur une grande route que dans les villes, en face de la prétendue protection des lois.

M. Renal, après ces derniers mots, passa dans sa chambre, qui était au rez-de-chaussée et qui donnait sur le jardin; ses enfans demeurèrent dans la salle à manger.

—Tu vas aller te coucher, Jules, dit Lucie.

— Oui, ma bonne petite sœur, d'abord pour te faire plaisir, et en second lieu par crainte de monseigneur mon père; je ne sais, mais il ne nous est pas revenu de bonne humeur; si l'on en juge à l'apparence, toutes ces causes paraîtront une excuse valable à Gabriel Gimont.

Lucie, charmée de cette résolution, et du retour de son père qu'elle chérissait tendrement, monta dans sa chambre avec plus de gaieté, et si elle s'endormit, ce ne fut pas sans s'être demandé au moins cent fois : Mais pourquoi Louis n'est-il pas venu, comme il me l'avait promis?

La solution de ce problème, ainsi que les soins du ménage devenus plus importans, réveillèrent la jeune fille vers sept heures du matin; elle se leva en grande hâte et descendit. Son père reposait encore, ou ne s'était pas montré; son frère dormait, car en passant devant sa porte, elle l'avait entendu ronfler avec ce calme de la jeunesse qui ne se tourmente pas longtemps de ce qui la tracasse le plus. Lucie envoya la servante au marché, et se disposa elle-même à préparer l'ouvrage intérieur.

Elle entendit quelqu'un marcher légèrement dans le corridor: c'était Marianne Delpeyre, sa meilleure amie; celle qui avec Cécile Melon partageait toute sa confiance.

— Lucie, dit la nouvelle venue, il est là; il n'ose entrer, et vient de s'arrêter avec mon cousin qui arrivait, lui aussi, pour s'informer de ma santé, le pauvre garçon! et néanmoins je l'avais hier bien malmené.

— Il est là! répéta Lucie toute tremblante, et il n'ose pas entrer; est-ce que je lui fais peur?

— Tu lui en fais, il n'est pas coupable et il tremble; il a cent bonnes raisons à te donner, mais il craint ton abord. Veux-tu que j'aille le rassurer?

— Oui... non... si... Ah! chère Marianne,

que d'inquiétude il m'a occasionné! le méchant, me manquer de parole!

— Laisse-le venir, tu le gronderas comme il le mérite.

— Hélas! je ne puis en avoir la joie! mon père est arrivé hier au soir, je ne voudrais pas qu'il me trouvât seule avec Louis ; mais celui-ci peut visiter mon frère et moi : alors, je peux le rencontrer par hasard.

— Par hasard, Lucie! comme je rencontre mon cousin : à notre âge, le hasard est toujours une chose convenue à l'avance. Adieu, je cours l'appeler; son chagrin m'a fait une peine sincère.

Marianne partit en vraie biche, Lucie s'échappa non moins légère, et bientôt Louis entra dans la maison ; il monta librement à la chambre de Jules qui se levait, et qui à sa vue :

— Au déserteur! au déserteur! cria-t-il, au parjure! à l'infidèle! tayaut, tayaut! Eh d'où diable sors-tu, Louis, homme sans foi et sans probité, qui m'as fait enrager toute la soirée?

— Je sors de chez moi, mon ami, de mon

cabinet, où j'ai passé la journée à rédiger les élémens d'une consultation importante dont il fallait ce matin même soumettre la décision à notre premier jurisconsulte.

— A M. Laviguerie, par conséquent; et ce travail ne t'a pas permis de venir au Fenetra.

— C'était le sort de tout une pauvre famille dont il s'agissait : je me suis immolé ! j'ai donné à des malheureux un temps promis à mon bonheur, sans doute ; mais si mon amour a souffert, j'ai du moins été en paix avec ma conscience.

Il y avait derrière la porte, et dans la galerie, une jeune personne incapable d'écouter par le jour de la serrure, et néanmoins très satisfaite d'entendre ce que l'on disait à haute voix à quelques pas d'elle. Lucie était sortie de sa chambre, et elle recevait, quoique invisible, l'explication satisfaisante de son amant; elle parut devant lui lorsque Jules allait commencer son cours de plaisanteries; et elle témoigna par ses premiers propos qu'il n'y avait plus de fiel dans son âme. Ceci n'empêcha pas le jeune avocat de recommencer sa justification, ni elle de le laisser dire; il est des choses en amour que l'on aime à répéter mille fois.

Tout à coup Lucie s'échappa d'auprès de Louis et de Jules, et en deux élans eut descendu l'escalier. Son œil vif avait aperçu M. Renal sortir de sa chambre par le jardin, et aussitôt elle s'était hâtée de le rejoindre; elle en fut accueillie avec tendresse. Le négociant ambulant avait un cœur de père, il chérissait son fils et sa fille, mais à sa manière et sans s'occuper s'il prenait la bonne route pour assurer leur bonheur. Jules ne tarda pas à rejoindre Lucie; et Louis, qui était connu de M. Renal, vint avec son ami le féliciter sur son retour.

Le maître de la maison voyait Louis avec plaisir; il le savait sage et rangé, il ne soupçonnait pas, en digne parent, la première chose qu'il aurait dû reconnaître : c'est que l'ami de son fils était plus encore l'amant de sa fille. Il lui fit bon accueil, parut charmé de le voir et l'invita à partager le déjeûner de la famille. C'était convier le jeune avocat à mieux qu'une fête splendide, et il ne se fit guère prier. Le voilà assis auprès de Lucie, pressant son pied du sien, s'enivrant du plaisir de la regarder, et cherchant à prouver son amour par des phrases à double entente et par des regards beaucoup plus directs.

Tout a une fin dans ce bas monde, même un déjeûner à Toulouse. M. Renal témoigna le désir de rentrer dans sa chambre. Louis partit accompagné de Jules qui paraissait inquiet. Son ami lui demanda la cause de la sorte de chagrin qui couvrait son front.

— Ce n'est rien, dit-il, presque rien, une niaiserie, un enfantillage ; j'avais promis à Gabriel Gimont de souper avec lui : l'arrivée de mon père y a mis obstacle, et je crois qu'il en sera fâché.

— Eh bien ! répondit Louis, s'il se fâche, s'il se brouille avec toi, tu seras heureux, mon cher Jules, car tu pourras te vanter d'être délivré d'un compagnon bien dangereux.

— Tu ne l'aimes pas !

— Je le crois bien, car je le méprise ! répliqua Louis froidement.

— Ah, s'il le savait!

— Ha, tu le lui diras?

— J'en suis incapable; mais tu peux ne pas te contraindre devant d'autres, et alors...

— Alors il se tiendra tranquille. Jamais Gabriel Gimont ne m'attaquera en face; tandis que la nuit et au coin d'une rue...

Jules tressaillit; on aurait cru, à le voir, qu'il jugeait son ami capable du guet-à-pens que Louis supposait. Il ne dit rien, cependant, ne manifesta aucunement sa pensée, mais il quitta Louis et prit le chemin de la rue du Peyrou.

III

Un Ami.

> Dis-moi qui tu hantes, je te dirai qui tu es.
>
> *Proverbe.*

Jules Renal, tant qu'il avait été sous l'influence des vertus de sa sœur et en face de son père ainsi que de son ami, ne songea point à l'engagement pris la veille avec ce Gabriel Gimont, cet étranger à Toulouse, qui s'était formé un si grand empire sur lui.

Mais dès qu'il se trouva seul, alors il se ressouvint à quelle promesse il avait manqué ; et, comme je l'ai dit à la fin du chapitre précédent, il se hâta de courir chez ce personnage pour faire accueillir ses excuses si l'on ne voulait pas admettre sa justification. La rue du Peyrou, où logeait Gabriel, est proche de l'église de Saint-Saturnin, et va se perdre dans celle de l'Université ; là demeurent en foule et les étudians pauvres qui cherchent de la science à l'école de droit de Toulouse, et ceux véritablement studieux qui veulent s'éloigner des quartiers où règne le mouvement et le bruit. C'était dans une de ces demeures modestes que Gabriel Gimont avait établi son domicile.

Agé d'environ trente-cinq ans, cet individu, par la force de son caractère, exerçait une influence toute particulière sur un certain nombre de jeunes gens de classes intermédiaires et descendantes de la société. Tous lui reconnaissaient une supériorité de manières, une profondeur de vues, une énergie morale unie à une force prodigieuse, dont aucun ne possédait la réunion à un degré aussi éminent.

Gabriel était en outre un des hommes de la ville qui frappaient le plus les regards par la richesse de leur taille et la beauté de leurs traits : c'était l'Apollon du Belvédère réuni à l'Hercule Farnèse, un composé apparent de qualités brillantes et de tout ce qui peut commander aux cœurs.

Il parlait bien, avec facilité, avec chaleur; mais une ironie perpétuelle et sanglante tourmentait jusqu'à ses meilleurs amis. Il doutait de toutes les vertus, n'admettait que des vices, et ne voulait voir que de l'hypocrisie là où il ne pouvait signaler positivement l'existence du mal. Froid et calme; il épiait sa proie, ne montrait aucune impatience de la saisir, certain qu'il était qu'elle ne lui échapperait pas ; il se jouait avec elle, l'égarait par des sophismes, la flétrissait par des railleries, et s'en emparait ensuite lorsque étant avilie elle ne songeait plus qu'à l'imiter dans sa perversité. D'où venait-il, on ne le savait point; c'était un voyageur par fantaisie, une sorte de cosmopolite, évitant toute discussion politique, ne se prononçant jamais contre les autorités, et plutôt il engageait ses amis à les respecter ; enfin ne s'abandonnant à aucune intempérance de parole, et évitant toute action qui l'aurait compromis avec les gens en place.

Il y avait six mois que Gabriel Gimont habitait Toulouse ; comme il ne porta aucune lettre de recommandation, il ne put se faire ouvrir les maisons de la ville où l'on accueille ceux qui viennent du dehors. Il avait établi, pour ainsi dire, son domicile du jour et du soir dans le magnifique café Lissenson, orné avec tant d'éclat par de beaux paysages de Wallaert, et situé sur la place Royale. C'est là qu'il s'était formé des liaisons avec plusieurs jeunes gens de la ville, et qu'il avait contracté avec eux une sorte d'amitié dont les rapports ne tardèrent point à prendre les dehors d'une grande intimité. Il ne demandait pas ses amis aux classes relevées, il dédaignait même de se mettre en rapport avec celles-ci ; mais tout commis de maison de commerce, tout fils de petits bourgeois ou de riches artisans, tout garçon abandonné à lui-même, pouvait prétendre à être bien venu de lui ; il s'attachait particulièrement à ceux dont le caractère dissipé et facile lui promettait un triomphe aisé : il avait besoin de dominer et de former ses connaissances particulières à ne voir bientôt que par ses yeux, et surtout à n'agir que d'après ses volontés. Parmi ceux qu'il avait tenté de soumettre, Jules Renal était placé au premier rang, soit que ce jeune homme lui eût inspiré plus d'affection qu'un autre, soit que les charmes de Lucie, sa sœur, eussent produit sur lui une impression profonde qu'il ne chercha pas à dissimuler, et que même il se hâta de communiquer à Renal.

Celui-ci reçut cette confidence non avec peine, mais avec plaisir ; Gabriel Gimont était à ses yeux un homme éminent : il n'alla pas s'inquiéter quelles étaient ses vues en aimant Lucie ; il ne réfléchit pas combien les principes qu'il développait, et sa conduite journalière, étaient peu en rapport avec ceux de la jeune fille : Jules n'y voyait pas de si loin, et jamais, dans son esprit, il n'avait uni, comme il aurait dû le faire, le mot de mariage avec celui d'amour. Lucie connaissait, par son frère, la passion de Gabriel; mais il n'avait pu lui en parler encore, car elle s'était obstinée jusqu'à ce moment à ne pas le recevoir dans la partie de la maison paternelle où elle habitait, et son refus de s'entretenir avec lui était le sujet permanent des querelles qu'elle avait avec son frère.

Gabriel Gimont causait avec un inconnu d'assez mauvaise mine, lorsque le jeune Renal entra. Il se tourna vers ce dernier; et en souriant avec malice :

— Ah! vous voilà, lui dit-il, vous qui riez des promesses les plus saintes et qui laissez vos amis se réjouir sans vous : elle a eu donc bien des charmes la grisette qui vous a retenu? Je ne sais pourquoi je vous parle, car je ne devrais plus vous regarder.

— Vous ne me traiterez pas avec une telle rigueur, répondit Jules, lorsque je vous aurai appris qu'hier au soir mon père est arrivé au moment où je sortais pour venir vous rejoindre; il m'a retenu, et, malgré moi je vous jure, je n'ai pu tenir mon engagement.

— Ah! votre père est rentré dans Toulouse! reprit Gabriel avec un sourire plus encore malicieux, je vous en félicite; il vient sans doute se reposer de ses travaux et de ses affaires. J'en suis fâché pour vous; car, désormais, il veillera sur votre conduite de manière à vous faire redevenir petit garçon. Allons, Jules, quelques jours encore, et nous vous verrons marcher à la lisière.

Il y avait tant d'âcreté dans ce persiflage, il était dirigé dans une intention tellement hostile de blesser Renal, que celui-ci ne put en rire.

— Mon père, répliqua-t-il, non sans aigreur, m'aime trop pour faire de moi un esclave; il se contente de me donner des leçons dont je puisse profiter.

— Et voilà pourquoi il vous prêche d'exemple, le bon père! je vous conseille de suivre la même route que lui : vous ferez un beau chemin.

— Gabriel, je ne vous ai vu jamais aussi injuste à mon égard.

— Est-ce de l'injustice, que de parler convenablement du respectable auteur de vos jours?

— Gabriel, il y a dans Toulouse un proverbe: *le ton fait la chanson*, croyez-moi, changez le vôtre, il ne convient pas à l'égard d'un ami.

— Est-ce un conseil ou une injonction que vous me donnez, Jules? reprit Gabriel avec une hauteur froide et dédaigneuse.

— Conseil, injonction, tout comme il vous plaira, je suis bon pour vous répondre de toutes manières; mais pour Dieu, je ne veux pas que vous vous attaquiez à mon père. Tombez sur moi tant que vous voudrez, je verrai comment je dois prendre vos propos.

— Je le vois, j'entends même vos paroles; voilà monsieur qui, parce qu'il n'est pas venu hier, veut se battre aujourd'hui avec moi pour peu que j'en aie la fantaisie. Vous êtes un tapageur de la première classe.

— Et vous un persifleur sans pitié.

L'individu qui assistait à cette conversation avait paru l'écouter avec une indifférence complète; il se leva dès qu'il se fut aperçu qu'elle devenait moins hostile, et en ayant l'air de prendre congé de Gabriel, il l'attira dans la petite salle qui précédait la chambre à coucher : là il jasa avec lui quelques minutes, et puis il s'éloigna. Gabriel revint à Jules, lui tendit la main, reçut la sienne ; et tous les deux se mirent à causer amicalement et sans aucun souvenir de la scène précédente.

— Vous avez manqué, mon cher Jules, une occasion unique de faire connaissance avec la plus jolie femme que l'on puisse voir.

— Eh quand ai-je eu cette infortune?

— Hier, pas plus tard qu'hier; je vous gardais cette surprise; elle a soupé avec nous, avec Hilaire Robert, avec Charles Reverchon, car nous n'étions que trois. Je voulais vous mettre en rapport avec elle, vous procurer plus de bonheur que vous ne méritez; mais bast! monsieur, en fils soumis, n'a pas osé quitter la demeure paternelle.

— Et l'occasion perdue ne se peut donc retrouver? demanda Jules, que la pensée d'une jolie femme mettait en feu; a-t-elle quitté Toulouse subitement?

— Non, elle y est encore; elle doit même y prolonger son séjour.

— En ce cas, et avec votre protection, je pourrai réparer ma faute; qui est-elle?

— Oh ne vous figurez point que ce soit une de ces créatures faciles qui courent de département en département, qui trafiquent de leurs charmes pour moins qu'une pièce d'or. Je ne vous dirai pas c'est une vestale; mais c'est une femme bien née, elle a de la fortune, elle est veuve; son mari, italien, est mort colonel au service de la France. On lui donne une forte pension sous la clause qu'elle ne sortira pas du royaume; et ceci, joint à sa dot et à d'autres avantages matrimoniaux, lui permettant de tenir une bonne maison, elle ne le fait point, cependant : beaucoup d'ordre, un peu trop d'économie, peut-être, la retiennent dans une sphère peu élevée; elle vit avec simplicité, fuit le monde : non qu'elle refuse un amant qui lui plairait; mais pour lui plaire, il convient de lui faire la cour.

— Et vous la lui avez faite?

—Non; j'étais l'ami de son mari, et à ce titre elle me repoussa dès les premiers mots. Je dus me taire. Je la perdis de vue; hier matin je la retrouvai. Elle veut séjourner à Toulouse; je la priai à souper, elle accepta; je me faisais une joie de vous la montrer, et vous vous êtes perdu par votre faute.

— Vous me mènerez chez elle?

— Si je suis content de vous.

— Où loge-t-elle?

— Ah, vous voulez ce soir aller chanter sous ses fenêtres la romance langoureuse, et avant la nuit l'afficher déjà en passant et repassant en face de la maison qu'elle habite!

— Me prenez-vous pour un enfant?

— Pour ce que vous êtes; mais je suis trop bon et trop faible, je consens à vous rendre le plus heureux des hommes: elle s'appelle Olivia Césarini; elle a établi son domicile rue de la Pomme, au deuxième, chez madame de la Porte. Attendez cependant que je vous y conduise.

— Va-t-elle ce soir au spectacle?

— Je ne le crois pas; elle vit retirée, elle craint la foule, et, je vous le répète, ce ne sont point des aventures qu'elle cherche à Toulouse; elle vient plutôt pour s'y faire oublier. Mais c'est assez nous occuper d'elle. N'auriez-vous rien à me dire pour mon contentement? Et votre sœur?.......

— Ah, ma sœur, j'avais hier presque obtenu d'elle qu'elle vous écouterait aujourd'hui. Mon père est arrivé: vous souciez-vous de venir dans notre maison pendant le séjour qu'il y fera?

— Non, de par Dieu! répliqua Gabriel, je ne veux en aucune manière me trouver en rapport avec votre chef suprême; il travaille de son côté, et moi du mien: ce serait un malheur si déjà nous nous rencontrions ensemble.

— Est-ce que vous commercez aussi dans la dentelle, dans le bijou?

— Je donne dans tout; je ne reste pas toute l'année les bras croisés. J'ai grande garde d'être paresseux comme mon bon ami Renal.

— Moquez-vous de moi! que voulez-vous que je fasse?

— Morbleu! courir le monde, piétiner sur les routes, sortir du nid, faire parler de vous. Est-il croyable qu'à votre âge, et maître pour ainsi dire de toutes vos actions, vous ne soyez encore qu'un coureur de jeunes filles et qu'un pilier de billard?

— Que puis-je être de plus ?

— Ou franchement honnête homme, ou garnement déterminé. Pourquoi cette conduite mixte? vous sert-elle à quelque chose? n'êtes-vous pas déjà banni des bonnes maisons de la ville, n'y a-t-il pas force à vous de ne fréquenter, à part moi, que d'exécrables mauvais sujets?

— C'est vrai, répondit Jules avec un soupir, je ne suis ni chair ni poisson.

— Et vous resterez long-temps encore amphibie, tant que votre sotte indécision ne vous abandonnera pas.

— Je me suis dit, Gabriel, plus de cent fois ce que vous me dites; je voudrais me mettre sérieusement à l'ouvrage; et pas plus tard que hier au soir, j'engageais mon père à me permettre de le suivre, ou à faire de moi un commerçant pour le compte d'une autre maison.

— Et que vous a répondu votre père? demanda Gimont avec une curiosité avide.

— Que je devais, non faire comme lui, mais étudier les arts, la musique, la peinture; il a, je crois, parlé aussi des belles-lettres. Moi, artiste, moi, littérateur! il ne sait ce qu'il dit, mon cher père.

— Il ne veut pas que vous marchiez sur ses traces : il est donc dégoûté de son négoce? je ne l'aurais pas cru à l'activité avec laquelle il l'exerce. Eh bien ! mon ami, il faut faire comme lui, et en dépit de lui; à moins toutefois que vous ne préfériez vous embarquer dans des entreprises plus aventureuses : courir les mers ou les montagnes, devenir flibustier ou chef de partisans.

—Vous voilà revenu, Gabriel, aux rêves dont vous bercez Robert et Reverchon; vous vous amusez à nos dépens lorsque vous décorez de grands mots, ce qui n'est au fond qu'un brigandage organisé sur une grande route, ou en pleine mer.

— A vous permis, répliqua Gabriel avec calme, de prendre la nuit pour le jour; je vous ai proposé ce qui vous conduirait à la gloire et à la fortune. Il vous plaît davantage de vivre à Toulouse, sans aucune considération, à vous permis, mon ami, je le répète; jouissez de la vie présente à votre manière, soyez mésestimé, repoussé par vos compatriotes, peu appuyé par vos compagnons de plaisir : c'est votre goût, je n'en disputerai pas plus que des couleurs; vous savez aussi ce proverbe, je pense.

Après cette allusion à ce que lui avait dit Jules au commencement de leur conversation, Gabriel prit son chapeau et se disposa à sortir. Jules, croyant l'avoir blessé, l'arrêta par le pan de son habit.

— Vous ne voulez donc pas venir chez moi tant que mon père y sera?

— Non, je trouve inutile de nous mettre en présence; il voudrait peut-être, ou me charger de votre conduite, ou m'en rendre responsable, et dans aucun cas la chose ne me convient. Si vous pouvez conduire un de ces soirs votre sœur le long de la rivière, près du canal de Fuite, et à la fontaine Fonfrède, je pourrai vous rencontrer par-là, et causer avec elle; si elle craint d'aller aussi loin, si elle préfère les bords du grand canal ou le côteau de Montaudran, je puis encore tourner mes pas de ce côté. Vous voyez que je tiens à vous voir ensemble, et que je ne suis aucunement fâché avec vous.

— Je le craignais, car je vous aime, Gimont; il me serait pénible que vous doutassiez de mon cœur.

— J'en doute si peu, répondit Gabriel avec un sourire obligeant, que je suis prêt à vous conduire chez la *bella donna* Olivia Césarini.

— Vous auriez cette bonté?

— Certainement.

— Vous voulez donc mon bonheur?

— Pas tout à fait, mais je veux que vous soyez ce que vous devez être. Allons, enfant, partez avec moi.

Jules ne se rappela plus ni les propositions

insidieuses de son ami, ni leur querelle précédente; il sauta les degrés de l'escalier plutôt qu'il ne les descendit, et en la compagnie du superbe Gabriel, ils arrivèrent dans la rue de la Pomme. Une manière de servante étrangère à Toulouse, femme entre deux âges, qui n'était plus jolie et qui avait dû vivre beaucoup et en peu de temps, formait toute la domesticité de la signora Césarini, elle fut prévenir sa maîtresse qu'il lui venait des visites, et sur son ordre les laissa entrer.

La dame pouvait avoir vingt-quatre à vingt-cinq ans; elle était mieux que jolie, elle était belle. Sa tête fortement colorée avait tout le charme, toute la noble mysticité des vierges de Raphaël; sa taille souple, légère, élancée, la blancheur de sa peau satinée, la profusion de ses cheveux d'un noir d'ébène parfait, le rosé de ses lèvres, l'éclat de ses yeux, la petitesse de son pied, la forme élégante de ses mains la rendaient un objet d'admiration; et il était difficile de rester avec elle sans se contenter de l'admirer. Elle reçut les deux amis avec un mélange voluptueux de vivacité molle. Elle était à la fois pétulante et mélancolique, emportée et douce; ses regards lançaient la flamme, le son de sa voix était mignard. Il y avait en elle ces contrastes qui ajoutent tant de prix à la beauté, en ce qu'ils la rendent toujours nouvelle; et la perfection céleste de son ensemble ne pouvait inspirer que des sentimens d'amour dénués de toute méfiance.

Le jeune Renal frémit et rougit de plaisir à sa vue: Olivia Césarini lui parut le type de la beauté, le *nec plus ultrà* des conceptions de la nature; il s'enivrait du plaisir de la voir, il était heureux de l'accueil qu'elle lui faisait, et ce fut avec une joie indicible qu'il obtint la permission de venir souvent faire sa cour à une aussi divine créature. Depuis ce moment il renouvela chaque jour ses visites, il finit par ne plus sortir de chez l'étrangère, surtout lorsque celle-ci, avec une naïveté charmante, lui eut avoué qu'il avait trouvé le chemin de son cœur. Ce ne fut pas d'abord qu'elle répondit à sa tendresse: il s'écoula du temps; mais enfin arriva l'instant de sa défaite, celui qui devait enivrer Jules Renal.

Pendant que ces choses avaient lieu, Louis Marnaud, son ami véritable, celui dont il aurait dû suivre les conseils, continuait à venir chez M. Renal. Ce dernier n'avait pas tardé à apprécier les qualités solides de ce jeune homme, et à deviner l'amour qu'il portait à Lucie et celui que Lucie lui rendait; depuis lors il s'efforça de connaître à fond sa position sociale, ses rapports, sa famille, sa fortune, ses espérances et ses projets. Louis ne lui cacha rien, il lui laissa lire à livre ouvert dans toute sa vie; et bientôt même ne lui taisant plus rien, il lui avoua que n'ayant aucun parent qui s'intéressât à lui, que ne se connaissant d'autre personnage qui eût des droits apparens sur sa conduite, que son ex-tuteur, il allait lui écrire pour le prévenir de son mariage avec mademoiselle Renal, si le père de Lucie consentait à la lui accorder.

M. Renal, à cette résolution franche et brusque, parut surpris, mais non fâché; il répondit à Louis Marnaud, que son dessein était de marier sa fille le plus tôt possible, mais qu'il ne pouvait le faire que lorsque son gendre futur aurait accédé à des conditions singulières en apparence, et néanmoins très sensées au fond. Si vous êtes, monsieur, celui qui les accepterez, je serai charmé de vous accorder la main de Lucie, et avec elle une fortune qui, sans être brillante, satisfera les vœux d'un homme modéré.

IV

Une Maîtresse.

> ..... De ces femmes hardies
> Qui goûtant dans le crime une tranquille paix,
> Ont su se faire un front qui ne rougit jamais.
> RACINE. *Phèdre.*

Louis écouta non sans étonnement ce que venait de lui dire M. Renal ; il attendait le détail de ces conditions auxquelles on mettait la main de Lucie, mais on ne les lui communiqua pas cette fois. Il lui parut que son futur beau-père voulait ne point se presser; il respecta sa fantaisie, et de retour chez lui, son premier soin fut d'écrire à son tuteur mystérieux : il lui faisait part de l'amour qu'il portait à Lucie Renal, du désir qu'il avait de s'unir avec elle, et il sollicitait avec politesse un consentement dont, d'après les lois, il pouvait se passer. Cette lettre terminée, et sans aucun doute sur une réponse favorable, il reprit ses travaux ordinaires et revint chaque jour chez son amie, quoique le père ne s'y trouvât plus ; ce dernier était parti inopinément pour aller faire une tournée dans une maison de campagne, sorte d'ancien château qu'il avait acheté depuis trois ans, et qui était situé sur le revers occidental de la Montagne-Noire, entre Revel et Castelnaudary. Ses enfans ne connaissaient pas encore cette propriété, où, disait-il, on ne pouvait habiter à cause du mauvais état des lieux et du mobilier.

Pendant son absence, Jules, engagé plus que jamais dans les chaînes de la syrène étrangère, connaissait enfin cette passion délirante qui nous entraîne aux plus grands excès ; il ne vivait que pour Olivia, il avait renoncé aux fraîches et spirituelles grisettes de Toulouse, il se séparait de ses compagnons de plaisirs, il n'allait même que rarement chez son ami Gabriel ; c'était enfin un tout autre homme. Le caractère du fanatisme de l'amour commençait à se développer en lui.

Un soir qu'il allait rejoindre la signora qui lui avait donné rendez-vous sur le jardin royal, car déjà le mois de mai avait rendu aux tilleuls de cette promenade leur feuillage et leur beauté, il fut arrêté hors la porte Montolieu par un bras de fer qui le saisit à l'épaule.

— Halte-là ! lui cria en même temps une voix bien connue.

— C'est vous, Gabriel? je ne vous voyais pas; adieu, mon ami.

— Où donc courez-vous avec tant de vitesse?

— Elle est là-bas ! dit Jules en montrant avec sa main les quinconces du jardin royal.

— Elle pouvait y être ! répliqua Gimont, mais elle n'y est plus !

— Quoi, partie sans m'attendre?

— Oui, je l'ai priée de me rendre un service;

et ne lui en veuillez point, cher Jules, si l'amitié cette fois le commande à l'amour. Elle reviendra; et en attendant promenons-nous, quoique ma compagnie ne doive guère vous dédommager de la sienne.

Un soupir de Jules fut la réponse affirmative et peu polie qu'il fit au propos de Gabriel. Celui-ci ne s'en formalisa point, le prit par le bras; et tous les deux montèrent la rampe en cailloutage qui conduit au jardin royal. Ils se promenèrent long-temps en silence dans des allées obscures et solitaires; puis, Gabriel prenant la parole :

—Eh bien! Jules, croyez-vous être toujours mon ami?

— Si je crois l'être? je le suis; cela vaut mieux.

— Vous l'êtes? et quelle preuve m'en donnez-vous? Je cesse de recevoir vos visites, vous ne m'avez pas mis encore en présence de votre sœur, et, tout à la passion qui vous anime, l'amitié perd son prix à vos yeux.

—Ces reproches sont durs, et pourtant je les

mérite en apparence; oui, je vous vois moins souvent, et j'ai négligé de vous rapprocher de Lucie; néanmoins, en ceci je suis moins coupable, elle n'est pas sortie tant que mon père est resté à la maison.

— Est-ce qu'il n'y est plus?

— Il partit avant-hier.

— Pour recommencer son négoce?

— Non : il a été passer une semaine à un bien qu'il a acheté dans la montagne noire et où jamais il ne nous a conduits.

— Fort bien; alors votre sœur est seule?

— Oui.

— Je puis aller vous voir chez vous?

— Quand cela vous sera agréable.

— Grand merci, le plus tôt sera le mieux; maintenant, venons à vos affaires : où en sont vos amours?

— En bonne route.

— Vous êtes heureux?

— Autant que l'on peut l'être.

— Et combien de temps faut-il que cela dure?

— Toujours.

— Ah, pour toujours, ceci n'est guère possible, surtout au moment où peut-être Olivia quitte Toulouse.

— Quoi! elle partirait, elle! Oh! Gabriel, est-elle déjà partie! êtes-vous ici pour m'annoncer cet affreux malheur?

— Là, là, furieux que vous êtes, ne m'embrassez pas avec tant de rage; vous m'avez presque étouffé.

— Un mot, un seul mot, je vous prie, est-elle partie?

Elle ne l'est point, et je vous jure qu'Olivia ne s'éloignera pas sans vous prévenir.

— Alors, je la suivrai.

— Feriez-vous cette folie?

Je ne me séparerai d'elle jamais.

— Eh comment pourrez-vous exister loin de votre famille? quelles sont vos ressources?

— Mes ressources?

— Eh bien?

— Je n'en ai pas, répondit Jules, d'une voix étouffée et du ton du plus profond accablement.

— Vous êtes un enfant qui prétendez trancher de l'homme fait; formez des projets, à la bonne heure, mais n'en exécutez aucun; il vous manque ce qui en assure la réussite, de l'énergie et une âme au-dessus de tous les préjugés. Olivia est une femme riche, accoutumée au luxe, son amant doit vivre comme elle. Un misérable, sans fortune à lui, un pauvre du moment, pourrait-il se placer auprès d'elle? Je vous le demande, Jules, j'en appelle à votre amour-propre et à votre fierté.

— Non, sans doute, je n'irai pas à sa suite sans une bourse bien garnie, mais où trouver de quoi la remplir? le commerce de mon père jette si peu d'éclat qu'on le soupçonne à peine à Toulouse, et les maudits usuriers ne me prêteraient rien.

— Je le crois, car vous ne pourriez le leur rendre.

— N'aurai-je pas du bien un jour?

— Quand? jamais peut-être; ce qui est à votre père vous appartiendra-t-il? ne peut-il le dévorer, en faire à sa fantaisie? Ne comptez point dans ce que les autres possèdent; si vous voulez être riche, soyez-le par vos propres soins.

— Riche, riche, cela vous plaît à dire; le deviendrai-je dans une semaine, assez à temps pour accompagner Olivia ?

— J'ai tenté de vous mettre sur la voie qui conduit rapidement à la fortune, vous avez secoué la tête et rebroussé chemin, est-ce ma faute si maintenant tout vous manque ?

— Il me répugne à faire ce que mon père ne fait pas.

— Qui vous l'a dit que ce n'est point là sa vie ?

— Gabriel !

— Oui, qui vous répond de la probité d'un négociant ? pensez-vous qu'il ne vende ou n'achète qu'au tarif de sa conscience ? S'il y avait rien que de la probité, y aurait-il un aussi grand nombre de marchands ? tous ne vantent-ils pas également leurs pacotilles, toutes sont-elles bonnes; vous ne l'affirmeriez pas. Or, cette tromperie à quoi tend-elle ? à s'emparer du bien d'autrui! Ce bien d'autrui, nommez-moi ceux qui n'en ont pas envie, depuis le gouvernement qui va le chercher dans les états de ses voisins, jusqu'aux joueurs de bonne compagnie qui l'enlèvent avec de belles politesses.

— Être voleur !

— Non pas, s'il vous plaît ! voler en escroc, en filou, en rusé compère, est d'un lâche ; mais s'embusquer sur des montagnes, faire la contrebande à coups de fusils, attaquer en mer les navires fort en mesure de se défendre, exposer chaque jour, non sa liberté, mais sa vie, ce n'est pas être voleur.

Jules ne répondit point, il songeait à l'Italienne, et nulle éducation de principes ne luttait en lui contre les insinuations du tentateur.

— Au reste, poursuivit celui-ci, ne prenez mes paroles que pour ce qu'elles valent, je n'y attache aucune importance, je n'y songerai plus lorsque vous m'aurez quitté ; je vous parle ainsi avec confiance et abandon, je me livre aux fantaisies de mon imagination vagabonde ; car si demain vous veniez me dire je veux m'enrôler sous les bannières du fameux capitaine tel ou tel ? allez le trouver, vous répondrais-je, j'ignore sa demeure, et cela est vrai.

Le hasard m'a mis en présence de gens fort intrépides et bons à connaître; où sont-ils? je n'en sais rien.

Jules, après un instant de silence, dit:

— Olivia, ne revient point?

— Ah! une seule idée vous occupe; l'amour, rien que l'amour! ce dieu vous fascine donc les yeux, ou vous les avez moins bons que moi; car il me semble que du côté de la porte Montgaillard je vois se glisser une ombre qui s'approche de nous..... Eh bien! vous me quittez, vous courez à elle! là, là, mon petit ami, elle ne te fuit point; je lui ai trop commandé de t'attendre. Faible roseau! je te briserai lorsque cela me conviendra de le faire! Et toi, Vincent Maltaire, tu sauras ce que c'est que de m'avoir enlevé le suprême commandement!

Gabriel Gimont termina là son monologue, il tourna le dos aux amans qui revenaient à lui, et leur échappa en se glissant le long du parapet dans le chemin qui longe la promenade inférieure, connue à Toulouse sous le nom d'allée des Soupirs.

Jules l'ayant perdu de vue, cessa bientôt de penser à lui ; une autre idée tourmentait son cœur, celle de l'annonce du départ prochain de l'étrangère.

— Tu me quittes, Olivia ! dit-il d'une voix émue.

— Ah ! le parleur, il n'a pas su garder un secret !

— Eh ! que serais-je devenu s'il y avait été fidèle ? tu aurais disparu ! et je me serais trouvé seul avec ma passion délirante et mes regrets !

— Que veux-tu, je ne puis passer ma vie à Toulouse, mes volontés ne sont point libres, il faudra peut-être que je voyage en Italie, à Rome, en Sicile, en Espagne, ou bien en Angleterre ; je suis condamnée à errer long-temps.

La profondeur de la nuit ne permettait pas à Jules de lire sur les traits de sa maîtresse ce qui la tourmentait ; mais il reconnut qu'elle ne prononça pas ces paroles avec indifférence ; il y eut quelque chose de poignant et de douloureux qui se montra dans le timbre flatteur de sa voix. Jules alors plus intrigué encore demanda timidement le motif de ces courses multipliées.

— Leur motif, Jules, il est bien impérieux, à chaque pas et chaque jour ma liberté est menacée, des ennemis puissans et nombreux essayent de me la ravir.

— Que leur as-tu fait?

— J'ai voulu délivrer mon pays des chaînes qu'ils lui ont imposées; j'ai souhaité que l'Italie fût indépendante comme elle l'a été si long-temps, c'est là un grand crime; je l'expie par l'exil, par de pénibles privations. Un ami m'est resté, Gabriel qui nous a mis en présence l'un de l'autre. Je voudrais son bonheur et il est malheureux. Tu le connais sans doute dans ses infortunes?

— Non.

— Il ne s'est jamais ouvert à toi?

— Non.

— Tu ignores que souvent le besoin...

— Le besoin! et il n'a pas eu recours à moi!

— A quoi bon, il m'avait trouvée; j'ai fait pour lui ce que j'ai pu, il peut maintenant attendre pendant plusieurs mois. Garde un profond silence sur ce qui le concerne, puisqu'il ne lui a pas convenu de s'ouvrir à toi.

— Mais, Olivia, ton départ ou ta fuite?

— Ma fuite, mon départ, que puis-je te dire? il dépend des événemens, des dénonciations dont je suis le but unique; je voudrais les prévenir, quitter Toulouse, chercher une autre retraite; mais il y a dans cette ville un maudit talisman qui m'y retient; j'ai la folie d'aimer éperdument un jeune homme, un enfant....

— Et toi aussi tu me traites d'enfant!

— Je le ferai jusques à ton émancipation. Tu m'aimes, dis-tu; et si je m'éloigne, que deviendra ton amour?

— Va, sois tranquille, il ne s'éteindra pas aussi facilement que tu peux te l'imaginer.

— Tu espéreras mon retour?

— Je te suivrai.

— A la bonne heure. Mais pour me suivre... Oui tu me suivras, tu seras fidèle à ta parole. Écoute, Jules, sois plus confiant envers Gabriel, il possède l'expérience qui te manque, c'est un de ces individus qui voient les choses de plus haut que le commun des hommes; suis ses conseils, ils ne te tromperont point.

— Ah s'ils pouvaient m'assurer ta possession continuelle....

— Vois Gabriel, il connaît toute ma pensée, et entre lui, toi et moi, ce peut être à la vie et à la mort.

Ici Olivia finit la promenade, elle témoigna le désir de se retirer, Jules la ramena jusques chez elle ; il voulait monter, elle s'y opposa : force fut à lui de rentrer chez son père où sa sœur l'attendait en la compagnie de Louis. La vue de celui-ci déplut à Jules; pourquoi? parce qu'il s'attachait davantage à Gabriel, et qu'il aurait souhaité que ce dernier parvînt à plaire à sa sœur. Quelques paroles brèves rapidement échangées furent ce qu'il accorda à son ami et à Lucie, il dit avec intention qu'il était tard et heure de se coucher, les amans le comprirent. Lucie soupira et Louis partit peu après, non sans s'être aperçu du refroidissement des manières de Jules à son égard; il en chercha la cause en rentrant chez lui, et le sommeil le saisit, qu'il s'en occupait encore sans l'avoir rencontrée.

Jules, de son côté, avait de vastes sujets de réflexion. Olivia gouvernait son cœur et sa tête elle voulait partir. Consentirait-il à cette séparation douloureuse; mais en même temps pourrait-il l'empêcher, aurait-il les moyens de s'éloigner avec elle? D'un autre côté son ami Gabriel était malheureux; comment le secourir? serait-il possible de le faire si on le secondait dans ses projets... mais quels projets! Jules les connaissait à demi, et s'ils ne le faisaient pas frémir, ils lui causaient au moins une épouvante salutaire. Il ne dormit guère, et dès le lendemain il se hâta de courir chez l'Italienne. Celle-ci l'attendait et le reçut avec un doux sourire, essayant de l'énivrer, afin de le rendre plus facile aux impressions que Gabriel voudrait lui donner.

Il sortait de chez elle, et en traversant la place Royale, il fut rencontré par Hilaire Robert et Charles Reverchon, ses amis, ses compagnons de table et de plaisirs. Où vas-tu, — d'où viens-tu, — bonjour, — bonsoir ; — on s'embrasse, — on se demande ce que l'on a fait, — on se rend compte réciproquement des aventures de la semaine.

— Sais-tu, Jules, ce que je disais à Robert : on ne te voit plus, tu te ranges, mon cher, tu deviens philosophe.

— Et moi, Renal, j'ai répondu à Reverchon que depuis ton intrigue avec la belle dame de la rue de la Pomme, tu donnes dans la congrégation.

— Ma foi ! mes camarades, répliqua Jules en riant, la congrégation et la philosophie, à peine si je sais ce que ces mots veulent dire ; je vous vois rarement, c'est vrai, mais n'en accusez que ma folle passion ! à peine si elle laisse ma tête libre ! à tel point, qu'elle a rempli mon cœur.

— Gabriel nous disait qu'il ne fallait plus faire fonds sur toi, et pourtant nous comptions t'appeler en notre compagnie à la première course que nous ferions vers les Pyrénées.

— Est-ce que vous avez le projet d'aller prendre les eaux ?

— Les eaux! il est badin, le bon Jules; non, notre ami, répliqua Reverchon en ricanant, si nous prenons là quelque chose, ce ne sera pas les eaux. La paix m'ennuie, il me faut la guerre ou quelque tumulte approchant pour me distraire; viendras-tu avec nous?

— Je ne voudrais pas quitter la signora Césarini.

— Eh bien, amène-la! plus nous serons de fous et plus nous rirons.

— Je voudrais vous suivre, reprit Jules; mais mon père! mais ma sœur!

— Ta sœur! ton père! ton oncle! ta tante! ton cousin! s'écria Hilaire Robert en éclatant de rire, en vérité on voit bien que tu es né pour demeurer pendu aux jupons de ta gouvernante.

Jules rougit de cette plaisanterie, elle le piqua et il garda le silence.

— Es-tu fâché pour un mot dit en l'air, demanda Hilaire? J'aime cette sensibilité, viens au café voisin, je payerai une réparation convenable, il ne sera pas dit que de bons camarades se seront séparés en colère l'un contre l'autre.

Jules suivit ses amis, on entra dans un café où présidait une jeune et jolie femme, reine du comptoir; elle portait un diadème de perles, et une cuillère à manche d'ébène propre à enflammer le punch, lui servait de sceptre; elle avait des sourires de bienveillance pour tous ceux qui entraient dans son royaume, et un regard de regret adressé aux sortans, les engageait à revenir; chacun avait droit à cette politesse banale; quelques habitués, certains favoris, étaient mieux traités, des mots gracieux, des paroles douces, les payaient de leur hommage, et Reverchon était placé au nombre de ces privilégiés.

Il en profita pour obtenir l'accès d'une salle particulière, où l'on ne parvenait qu'en vertu d'une haute protection. Là, les trois amis en face d'un bowl énorme de vin chaud, se renouvelèrent l'assurance d'une tendresse fraternelle qui n'aurait pas de fin; dans le moment où ils causaient ainsi, trois autres jeunes gens de leur connaissance et non de leur affiliation, entrèrent, eux aussi, dans la salle réservée; l'un d'entre eux, commis dans un magasin de draperie, était en rivalité de maîtresse avec Reverchon; celui-ci ne le vit pas sans dépit se placer presque à ses côtés, et un geste d'impatience qui lui échappa fut mal interprété, le commis se leva, et déjà peut-être échauffé par des libations antérieures, prit une carafe et la lança à la tête de son adversaire superbe qui n'étant pas homme à supporter un pareil affront avec tranquillité, évita le choc et se précipita sur lui plein de colère.

Une sorte de bataille s'ensuivit; les amis d'abord médiateurs ne tardèrent pas à prendre parti dans la querelle: le bruit des verres, des porcelaines cassées, la chute des bowls retentissans attirèrent d'abord les gens occupés à prendre dans la salle publique du café ou des rafraîchissemens; bientôt après un inspecteur de police accompagné de la garde se présente, sépare les assaillans au nom de la loi, et les emmène tous six sans distinction dans la prison du Capitole où on les écroue jusques à nouvel ordre. Robert et Reverchon ressentirent plus vivement que les autres leur arrestation; mal notés à la mairie en raison de leur mauvaise conduite, ils craignirent qu'on ne réveillât contre eux d'anciennes affaires peu honorables, et ils tombèrent dans cette sombre mélancolie qui suit toujours le premier moment de l'incarcération.

Jules Renal, plus honteux que ses amis et néanmoins sans avoir leur effroi, déplorait avec vivacité l'imprudence qui l'avait conduit dans ce lieu désagréable. Comment en sortir, comment rejoindre Olivia prête à s'éloigner? Peut-être une pensée le frappa : Louis Marnaud était avocat, et avocat estimé par les anciens de l'ordre, peut-être pourrait-il l'aider à se tirer de ce mauvais pas; il lui écrivit deux mots pour lui apprendre son triste sort et lui demander sa protection ou ses conseils; cela fait il retourna vers ses camarades, qui encore désolés ne lui dirent presque rien. On aurait pu croire qu'ils ne le connaissaient pas, tant ils lui montraient de l'indifférence, eux pourtant, eux la cause de sa captivité momentanée.

V.

L'ex-Tuteur.

> Il y a des caractères dont l'influence domine de près et de loin : ce sont ceux des hommes froids et fermes.
>
> *Sagesse des nations.*

Dans cette même matinée la position de Louis Marnaud n'avait pas non plus été tranquille. Vers neuf heures, on frappa doucement à sa porte; la femme qui faisait son ménage ayant été ouvrir, il vit entrer dans son cabinet M. Lubert, honnête marchand épicier de Toulouse, correspondant de son tuteur, et qui avait la charge de lui payer tous les mois les deux cent cinquante francs qui formaient son revenu fixe. M. Lubert sortait rarement de sa boutique, que le progrès des lumières faisait appeler magasin, tant par le propriétaire que par ceux qui avaient besoin de lui. Cet honnête marchand, surpris de se voir hors de son logis pendant un autre jour que celui consacré au Seigneur, avait revêtu son bel habit noir, ses culottes de drap de soie noire et un gilet de piqué blanc uni; ses pieds étaient renfermés dans des souliers à larges boucles d'argent, et ses jambes couvertes d'un bas de soie gris de perle; un œil de poudre répandu sur ses cheveux annonçait que notre négociant tenait quelque peu à l'ancien régime, ce que prouvait plus victorieusement encore le col en place de cravatte qui serrait sa chemise d'où s'élançait un jabot gigantesque plissé à gros plis, seule concession à la mode moderne, ou plutôt du moment, que la gravité de M. Lubert avait permis.

Certes, la surprise de cet individu de se voir

arracher à ses occupations de la semaine, ne fut pas supérieure à celle que le jeune légiste éprouva en le reconnaissant. Il y avait d'ailleurs, sur son visage pâle et maigre, quelque chose de si solennel et tant d'importance dans la démarche, les gestes et le port de la tête, que Louis dût reconnaître sur-le-champ que cette apparition extraordinaire devait être attribuée à une cause peu commune. Il lui témoigna sa surprise par une exclamation, vint à lui, s'empara de force de sa main, et puis le fit asseoir dans un fauteuil de crin noir placé auprès de la table de noyer qui, chez un avocat stagiaire de province, prend le nom de bureau.

M. Lubert laissa faire; il salua Louis avec sa gravité accoutumée, et puis, lorsqu'il eut répondu aux questions d'usage touchant sa santé et celle des siens, lorsqu'il eut pris et offert du tabac qu'on refusa gracieusement, qu'il se fut mouché, qu'il eut posé son chapeau et sa canne à bec à corbin sur une chaise voisine et qu'il se fut écouté, il prit enfin la parole.

— Voilà, M. Marnaud, douze ou quinze jours

que nous n'avons eu le plaisir de vous voir au magasin, ma femme et mes filles en ont fait la remarque; et moi, en arrêtant mon compte avec mon correspondant de Marseille, je me suis rappelé que vous n'honoriez plus ma maison de votre présence.

— Je suis si occupé, répliqua le jeune homme.

— Tant mieux si vous l'êtes; malheur au désœuvré qui passe la semaine comme si elle n'était composée que de dimanches, je n'en donnerais pas une once de sel gris; mais, sont-ce bien les travaux de votre profession qui vous ont retenu? m'est avis qu'il y a une cause toute différente et qui ne vaut guère mieux.

— Que soupçonneriez-vous, Monsieur, répliqua Louis non sans une teinte d'embarras.

— Eh! quelque amourette, une manière de passer joyeusement son temps à Toulouse; la façon, enfin, la plus gaie de perdre son temps.

L'épicier accompagna ces paroles d'un gros rire, puis il s'arrêta tout-à-coup, et, surpris singulièrement d'avoir rencontré une aussi excellente plaisanterie, il poursuivit : cependant, dès qu'il eut reconnu au silence gardé par le jeune stagiaire, qu'il avait mis le doigt sur la plaie :

— Mais ces amourettes, ces amours si vous voulez, doivent n'être que des feux légers comme ils étaient dans ma jeunesse, et non vous détourner de l'étude et de la bonne voie.

— Ma conduite, monsieur, repartit Louis presque choqué d'un conseil inutile, ma conduite, j'ose le croire, ne mérite aucun blâme; je n'enlève à ma profession aucun des instans que je dois lui consacrer, et je n'ai pas à rougir de l'emploi de ceux qui me restent.

— Oh! je sais que vous êtes un garçon raisonnable, ma femme et mes filles disent beaucoup de bien de vous; mais à votre âge et avec toutes les vertus possibles, il y a de la canelle et du girofle dans le cœur; aussi est-il diablement échauffé. Vous ne me nierez point, par exemple, vos visites journalières dans une maison de la place des Pénitens blancs.

— Non, monsieur, je ne nie rien, parce que je n'ai besoin de rien cacher.

— Vous conviendrez donc qu'il y a là une demoiselle très jolie, quoique ma femme et mes filles ne soient pas trop de cet avis.

— Les goûts sont libres, monsieur.

— Oui, les goûts, mais pas les personnes ; nous ne devons pas nous engager sans le consentement de nos parens ou de ceux qui nous veulent du bien, de ceux aussi qui ont sur nous une autorité légitime.

— Hélas, monsieur, répondit Louis, en secouant la tête avec mélancolie, je ne suis point assez heureux pour avoir à consulter ma famille, orphelin dès mon bas âge... et puis je ne me connais aucun supérieur qui ait des droits sur ma personne.

— Oh, monsieur l'avocat Marnaud, que me contez-vous là ? oubliez-vous qu'il y a de par le monde un tuteur investi sur vous des pouvoirs de votre famille ?

— Je n'ai plus de tuteur ni de curateur, depuis que j'ai eu atteint ma vingt-cinquième année ; la loi m'a dès cette époque dégagé de toute obéissance. Je n'appartiens malheureusement qu'à moi-même; j'aurai sans doute et toujours de la déférence pour mon tuteur, mais voilà tout.

— Ce n'est pas assez, monsieur, ce n'est pas assez, votre tuteur représente tous vos proches; vous commettriez une faute énorme, si vous vous mariez sans sa permission; ma femme et mes filles me soutenaient à ce sujet...

— Je lui ai écrit pour la lui demander, M. Lubert, je me flatte qu'il ne me la refusera pas. Nous sommes étrangers l'un à l'autre, je ne l'ai jamais vu; je trouve une jeune personne, sage et belle : son père, honnête négociant, lui donne cent mille francs; je suis loin d'avoir une aussi grosse fortune, il me semble que je pourrais plus mal choisir.

—Cent mille francs ! M. Marnaud, mais vraiment cela fait une somme énorme, ma femme ne m'en apporta que trente, et mes quatre filles n'en auront que quarante chacune, en réunissant tout ce que nous leur laisserons à notre mort. Cent mille francs ! mais, oui, le père doit être un honnête homme, un négociant *très conséquent*, je ne vois guère plus d'objection solide à faire contre votre mariage, et c'est à tort que ma femme et mes filles..... Et votre tuteur qui n'est pas content, qui jette feu et flamme et s'en prend à moi de ce que vous avez trouvé un aussi bon parti, ni plus ni moins que si vous eussiez épousé une vitrière à cent écus de dot. Je voudrais bien trouver une demoiselle aussi *bien rentée* pour la colloquer à mon neveu, car ma femme et mes filles.....

Louis, frappé de ce qu'il venait d'entendre, se leva avec précipitation, et cela de manière à couper la parole à l'épicier, qui aussi quitta son fauteuil; Louis lui dit alors:

— Et par quel motif M. Gervel blâme-t-il ce projet d'alliance? que lui importe qui que j'épouse, je ne suis pas son parent.

C'est ce que je me disais tout à l'heure, répliqua M. Lubert, je ne comprends plus sa colère : il me semble que lorsque l'on palpe cent mille francs, il n'y a rien à dire de sage contre une dot si magnifique; au reste, mon cher M. l'avocat, voici une lettre de votre tuteur, qui sans doute vous expliquera les motifs de son mécontentement.

Le jeune homme prit la lettre avec impatience. Il allait demander la permission de la lire, lorsque l'épicier le prévenant :

— Adieu, M. Marnaud, vous allez être occupé, et moi je retourne à ma besogne. Votre tuteur m'avait chargé de vous dissuader de conclure ce mariage ; mais, ma foi, cent mille francs !... Je vais avec eux fermer la bouche à ma femme et à mes filles.

Il dit, salue, et sort accompagné jusque sur l'escalier par Louis, qui, après les devoirs exigés par la politesse, rentra précipitamment dans son cabinet, mit le verrou de la porte, brisa le cachet de l'épître et la lut; voici ce qu'elle contenait :

« J'ai reçu, monsieur et cher pupille, la demande que par pure politesse vous me faites de mon consentement à l'union que vous vouliez contracter avec mademoiselle Lucie Renal, fille, dites-vous, d'un marchand de bijoux et de dentelles. Vous pouvez vous passer de ma permission, je le sais; mais ce que je sais aussi, c'est l'intérêt vif que je vous porte : vous avez à peine atteint votre vingt-cinquième année, et déjà vous voulez en finir avec la vie de garçon : vous n'avez point une carrière faite, il faut songer à la recommencer avec avantage avant de vous engager irrévocablement; croyez-moi, ne vous mariez pas encore, patientez, savez-vous ce que la providence vous réserve, quelle sera votre existence dans l'avenir? On a souvent arrêté une belle fortune en la contrariant dès le début par un mariage peu convenable: le vôtre sera tel; je ne m'explique pas davantage, parce que je suis déterminé à venir causer à Toulouse avec vous; j'espère y arriver vers la fin du mois de mai, et je me flatte que soit qu'il vous plaise d'accéder ou de vous refuser à ma prière, vous ne balancerez pas à attendre ma venue pour écouter les raisons que je puis avoir à vous donner. J'ai tenu à votre égard une conduite dictée par les circonstances; maintenant je puis en suivre une toute différente, ne vous opposez point au bien que je vous veux; patientez donc, mon cher enfant, et soyez convaincu surtout que votre tuteur ne veut que le bonheur de son pupille; adieu, mon jeune et bon ami. « GERVEL. »

Le ton général de cette lettre frappa Louis. Son tuteur, jusqu'à ce moment, lui avait toujours écrit avec une sorte de sécheresse ou de dignité déguisée sous des formes bienveillantes; et par un effet contraire, la cérémonie avait disparu, et on voyait en place une douce simplicité et des choses qui partaient positivement du cœur. Une telle façon d'agir contraria Louis au dernier point, il ne comprenait pas les motifs de M. Gervel, et néanmoins, quoique très décidé à ne point renoncer à Lucie, il crut que la reconnaissance exigeait la soumission aux désirs manifestés par cet individu. Il trouva d'ailleurs en lui assez de fermeté et d'amour pour demeurer persuadé que rien ne le détacherait de Lucie.

Il sortit afin de se distraire, il alla au Palais; mais vainement essaya-t-il de donner un autre cours à ses pensées, son cœur tout entier à l'amour le ramenait sans cesse en présence de son tuteur, et parfois il tressaillait à la pensée des combats qu'il aurait à soutenir contre un homme usurpant un pouvoir qu'il ne tenait pas de la nature et que le code civil ne lui accordait plus ; il rentra absorbé dans ces amères pensées, lorsque l'on lui remit un billet de Jules Renal ; la date le frappa : il en fut bien autrement tourmenté, lorsqu'en le parcourant il eut appris la cause de la détention momentanée du jeune homme. Rien ne pouvait lui être plus désagréable que la folle conduite de son ami, de son beau-frère futur; néanmoins il ne perdit pas de temps à voler à son aide, et il courut chez le premier adjoint de la mairie, pour réclamer la mise en liberté de Renal.

Le magistrat municipal connaissait quelque peu Louis Marnaud, il voulut lui être agréable, et fit appeler l'inspecteur de police qui avait fait la capture des six combattans. Celui-là donna des renseignemens bien étendus et fort peu avantageux sur eux tous, il les représenta comme des tapageurs de première classe, comme faisant partie de cette jeunesse indisciplinée, incapable d'un travail honorable, et toujours à la veille de commettre une mauvaise action; ce n'était pas le moyen d'intéresser en leur faveur. Louis rougissait de dépit en entendant parler l'inspecteur de police, cependant il ne persista pas moins à solliciter avec chaleur que son ami lui fût rendu.

L'adjoint n'était guère porté à cet acte de complaisance, d'après ce qu'il venait d'entendre, mais il ne put résister aux prières de Louis, qui s'offrit pour caution, et qui s'engagea, sur son honneur, à représenter le jeune homme, dans le cas où l'on ne le trouverait pas assez puni par la prison momentanée ; ses instances furent enfin couronnées du succès, l'adjoint signa l'ordre de délivrance qu'il lui remit ; Marnaud sans perdre de temps, courut à la prison située tout proche.

Jules à sa vue éprouva un léger mouvement de honte, mais il ne tarda pas à le renfermer dans son cœur, il salua son ami par un grave éclat de rire qui n'avait rien de naturel et sous lequel il espérait cacher sa confusion véritable.

Il n'était plus, d'ailleurs, dans son assiette de tantôt. Les prisonniers avaient fait apporter du vin pour célébrer la venue des six combattans, et le peu de raison qui restait à ceux-ci, s'était noyé dans des libations multipliées d'un excellent vin de Fronton. Jules avait bu comme les autres, sa tête ne lui appartenait plus, elle courait les espaces imaginaires.

— Ah! voici monsieur l'avocat, qu'il soit le bien arrivé parmi nous, s'écria-t-il. Serais-tu, Louis, victime comme moi des rigueurs de la police? t'aurait-elle surpris en flagrant délit, comme vous dites, vous autres hommes du Palais? dans ce cas, je suis charmé de te voir. Tiens, prends ce verre, je le remplirai grain sur bord, c'est à toi à le vider rubis sur l'ongle.

Jules versa du vin et l'offrit à Louis qui le repoussa doucement.

— Mon ami, dit-il, tu m'as écrit de venir à ton aide, je suis accouru, j'ai obtenu l'ordre de ta délivrance, le voilà, viens avec moi et partons.

— Partir! s'écria Jules en frappant des mains,

oui, volontiers, si ces braves camarades me suivent. Punis tous ensemble pour quelques coups de poings donnés en conscience, il faut qu'on nous délivre à la fois, sans cela je ne serai pas assez lâche pour les abandonner dans le malheur.

— Vive Jules! vive le bon compagnon! s'écrièrent aussitôt Robert et Reverchon, voilà un homme, cela compte parmi les gens de cœur.

— Tu es fou, reprit Louis; ces messieurs, vu le peu d'importance du délit, ne passeront que la nuit ici et encore par simple mesure de police; demain on les mettra en liberté, car certainement on ne lancera pas contre eux un mandat de dépôt; ainsi ton héroïsme est hors de saison. Tu as une sœur qui reste seule pendant l'absence de son père, il convient que tu remplaces celui-ci. Allons, suis-moi, partons, il va être nuit et le geolier m'a prévenu qu'il fallait sortir tout de suite.

Jules balançait dans ce qu'il avait à faire, ses camarades lui dirent:

— Honte à toi si tu nous quittes, nous te

déshonorerons parmi tous les bons garçons de Toulouse.

— Eh qui vous a dit que je voulusse vous abandonner, répondit-il avec une aigreur qui démentait ses paroles, je suis venu avec vous, nous en sortirons ensemble, voilà qui est convenu.

Puis se tournant vers le jeune avocat: Tu vois bien, Marnaud, que je ne puis planter là ces francs compagnons de malheur.

— Je vois que ni eux, ni toi n'êtes raisonnables; je viens d'après ton invitation, tu m'as écrit pour que je te secourusse, je le fais, je t'apporte cet ordre de ta mise en liberté, et maintenant tu ne veux pas en profiter!

— Je ne le puis, ce qui est très différent.

— Songe à ta sœur.

— Tu lui tiendras compagnie.

Jules comprit sa faute; il se tut et baissa les yeux. Louis se flatta que désormais il serait plus sage, et le saisissant par le milieu du corps, il voulut l'emmener avec lui. Peut-être eût-il remporté cette victoire; mais Robert et Reverchon se mirent à crier : au transfuge! au traître! Ces mots sans cause, frappèrent vivement Jules, égaré d'ailleurs par le vin qu'il avait bu. Il se dégagea avec violence des bras de son ami, et courant à l'autre extrémité de la chambre :

— Non, non, dit-il, et cent fois non ; je ne sortirai pas seul, je ne veux sortir que triple.

Louis essaya de le rendre plus raisonnable : ce fut en vain. Ses efforts néanmoins devinrent si pressans, que Renal paraissant à demi ébranlé, demanda à voir le permis de sortie. Louis le lui remit. Dès qu'il l'eut en ses mains, il le déchira en quatre et en avala promptement les morceaux. A cet acte fou, les deux assistans compromis dans la bataille, firent des sauts de joie et lancèrent leurs chapeaux au plafond; tandis qu'ils criaient : Vive Jules ! vive le héros de l'amitié!

Louis ne partageait point leur sotte allégresse : il ressentait un chagrin profond d'une étourderie à laquelle se joignait un abus de confiance. Ne pouvant plus désormais faire mettre dehors, et par force, de la prison, son beau-frère futur, comme il l'en avait menacé, il ne dit rien, ne témoigna aucun mécontentement, mais sortit aussitôt le cœur navré de ce qu'il avait vu, et déplorant les conséquences qui en seraient à suite. Il se dirigea vers la maison de Lucie, afin de prévenir son amie de l'arrestation de son frère. Ce fut M. Renal qui, le premier, se présenta à lui. Charmé et fâché tout à la fois du retour de ce personnage, il se hâta de lui dire à voix basse : Votre fils est arrêté !

A ces mots un tremblement convulsif saisit celui qui les entendit, ses genoux fléchirent, une pâleur livide couvrit ses joues, et si Louis ne l'eût soutenu, il serait tombé de toute sa hauteur. Ce dernier attribua un tel état à la révélation fâcheuse qu'il avait faite, et par un récit exact de la querelle, il essaya de diminuer la violence du coup qu'il avait porté. M. Renal sentant sans doute combien il montrait de faiblesse, surmonta son premier mouvement de chagrin et d'effroi : il reprit plus de calme, et, conduisant le jeune homme dans le jardin, il le pria de lui redire ce qu'il avait déjà entendu; mais lorsqu'il eut pris connaissance du fol héroïsme de son fils, il s'emporta, se mit dans une colère véritable, et se montra en ce moment sous des dehors peu avantageux; à tel point que l'agitation de son ame l'arrachait à sa prudence accoutumée.

A la suite de ceci, il fut convenu que l'on attendrait les événemens subséquens, et que pour ne pas donner à Lucie un chagrin inutile, on lui tairait l'histoire de son frère. Mais s'il elle n'eût pas été toute à son amour, il lui eût été facile de reconnaître qu'il était survenu à ses proches quelque chose d'extraordinaire aux tressaillemens de son père, à son inquiétude permanente, et à la sorte d'effroi qu'il ne pouvait cacher chaque fois qu'un bruit frappait ses oreilles.

VI

Le Piége.

> Qu'il y a souvent du sang, de la honte et des pleurs, dans le baiser que donne une femme !
>
> *Rétif de la Bretonne.*

Il était à peine jour, lorsque Louis Marnaud reçut une lettre d'une écriture inconnue, et portant sur la suscription : *très pressée*. Il se hâta de l'ouvrir.

« Monsieur, lui disait-on, une affaire des « plus importantes et qui ne me permet pas de « rester dans Toulouse jusqu'à demain matin,

« me force à partir sans avoir vu mon fils hors
« de prison, je compte sur vous et en votre
« amitié pour le retirer de ce mauvais pas.
« Puissent ensuite vos conseils et vos bons exem-
« ples le ramener dans un meilleur chemin.
« Arrivé hier au soir de ma campagne, et déjà
« en route pour Bordeaux avant l'aurore, je me
« démène pour assurer à ma famille la fortune
« dont je souhaite la voir jouir honnêtement.
« L'amitié que je vous porte, vos excellens
« principes me répondent que de part et d'au-
« tre nous y travaillons d'accord, surtout si
« vous acceptez la condition que je vous ai
« faite et de laquelle je ne me dépars pas.

« J'achève, monsieur, en vous priant de
« croire aux sentimens affectueux avec lesquels
« je suis votre serviteur très obéissant et très
« humble

« RENAL. »

Certes, si quelque chose étonna le jeune avocat, ce fut ce départ subit, que rien ne paraissait présager la veille, et surtout lorsque le fils du négociant était sous les verroux de la maison d'arrêt. Il chercha à comprendre quelle avait pu être la nécessité ; il se rappela bientôt que le commerce reposait sur de telles chances, qu'il n'était pas d'heure où un négociant ne pût être arraché à ses occupations journalières par une cause subite et du plus haut intérêt. Cependant il se disait que lui, avant de s'éloigner, aurait voulu voir son fils; une telle indifférence lui paraissait inexplicable, et il chercha à la réparer en se rendant lui-même au Capitole, nom donné par les Toulousains à leur hôtel de ville.

Il y arriva dès neuf heures, mais il n'y trouva plus Jules; l'adjoint à qui on avait rapporté son incartade de la veille, se mit, par un effet de la bizarrerie humaine, dans une colère extrême contre lui, qui, loin de le porter à prolonger la captivité de l'étourdi, lui fit donner l'ordre de le jeter sur-le-champ et par force hors de la conciergerie, s'il persistait à ne point vouloir en sortir volontairement. Ceci avait été exécuté au pied de la lettre, et malgré la résistance fanatique de Jules, on parvint à le délivrer.

Libre, son premier soin fut de courir, non chez sa sœur qu'il devait supposer inquiète, mais chez Olivia, la belle Italienne; elle le reçut à bras ouverts, pleura en vrai folle au récit de son infortune, et puis lui conseilla d'aller apprendre à Gabriel l'arrestation de Robert et de Reverchon, jeunes gens en qui il comptait pour une expédition très prochaine. Jules obéit à sa maîtresse et rencontra Gabriel prêt à sortir.

— Je savais depuis hier au soir, ce que vous venez de m'apprendre, je suis entré au café Lissenson, où l'on ne parlait que de votre bataille. Des gens sages ou prudens, ou mieux encore, qui se destinent aux choses utiles, peuvent-ils se compromettre ainsi et exposer peut-être la sûreté de leurs amis?

Jules reçut sa part de cette réprimande, et pour essayer de tirer Gabriel de sa mauvaise humeur, il l'engagea à le suivre.

— Où irons-nous, demanda celui-ci?

— Où vous voudrez ; mais je me ravise : pourquoi ne viendriez-vous pas chez moi ?

— Vous prévenez mes vœux, mon cher

Jules; je ne désire rien tant que de présenter mes respects à votre aimable sœur; voudra-t-elle le permettre ?

— Oh! il faudra bien qu'elle y consente. Mon père est absent; je suis le seul maître dans la maison.

Gabriel, charmé d'obtenir ce que Jules, malgré ses promesses, ne lui avait pas accordé encore, ne fit aucune autre objection ; il aurait pu deviner que Jules, honteux de son incartade de la veille, craignait la première rencontre avec sa sœur, et qu'il espérait éviter ses reproches en se montrant à elle accompagné d'un tiers. Certes, la surprise de Lucie que la servante venait d'instruire de ce qui était arrivé la veille à Jules, et par là lui causer un vif chagrin, ne fut pas médiocre de le voir reparaître escorté d'un pareil défenseur.

On le lui présenta en règle. Il lui débita un compliment ampoulé qui n'eut pas le don de lui plaire, et à peine répondit-elle par quelques mots d'obligeance; tandis que tout de suite après, en s'adressant à son frère, elle lui fit des reproches sévères sur sa dissipation et son étourderie. Jules essaya de se défendre; Lucie ne se crut pas vaincue, elle reprit sur nouveaux frais, et elle inspira une frayeur réelle au coupable lorsqu'il lui eut appris que leur père, arrivé d'hier au soir et reparti dans la nuit, avait connaissance de cette aventure.

— Il s'est bien hâté de s'éloigner, dit Jules, et vraiment il m'a témoigné une tendresse éclatante! Quoi! il me sait en prison, et il s'en va acheter ou vendre!

— Savez-vous, répliqua Gabriel, si monsieur votre père est libre de ses instans; s'il n'y a pas des circonstances impérieuses qui le font aller, non au gré de ses désirs, mais selon l'ordre d'une volonté étrangère et impérieuse? Vous êtes un enfant, Jules; et vous avez besoin de voir le monde pour vous former.

Ce propos raisonnable et débité d'un ton analogue plut à Lucie. Elle ne reconnut point là le caractère de folie d'habitude de mauvais garnement, qui distinguait Gabriel Gimont, elle le regarda d'un œil moins hostile, sans cependant éprouver le moindre penchant pour lui : elle admirait sa beauté, mais elle y trouvait une nuance de malice désagréable, et dans sa conversation quelque chose de hardi, de libre, de saccadé qui contrastait pleinement avec les paroles sensées qu'il venait de prononcer. Gabriel avait trop d'expérience et jugeait trop bien des sensations du cœur pour ignorer que l'opinion de la jeune fille ne lui était point favorable. Il ne s'en inquiétait guère pourtant : il s'en indignait plutôt ; et en lui-même il se promettait de ne rien négliger de ce qui amènerait cette femme indifférente à partager l'amour qu'il avait pour elle, ou tout au moins à céder à ses volontés impérieuses. Il ne chercha pas à prolonger sa première visite, et il sortit en emmenant Jules avec lui.

Ce dernier rentra peu après, il avait l'air peiné ; il vint à sa sœur, l'embrassa avec tendresse.

— Lucie, dit-il, ne me gronde plus ; je conviens que je suis un fou, que je ne mérite pas ta tendresse, pardonne-moi, il y a dans mon cœur tant de choses qu'il n'a pas le loisir de diriger ma tête, et c'est celle-là qui encore est seule coupable.

Lucie, touchée de ce mouvement de bon naturel, parla avec douceur à son frère.

— Pourquoi ne cherches-tu pas à marcher dans un meilleur chemin? tu as deux amis principaux, l'un te mène à ta perte, l'autre par sa conduite épurerait la tienne, suis les conseils de ce dernier, tu sais d'ailleurs l'intérêt qu'il m'inspire. Ah! Jules, que nous serions heureux ensemble si tu voulais venir à nous !

— Et pourquoi ne viendrais-tu pas à moi toi-même? Gabriel Gimont, que tu méprises, est un homme peu ordinaire; il possède un caractère supérieur, une énergie brûlante, il est fait pour commander à ses compagnons, et tu devrais être fière de l'amour qu'il te porte.

— Écoute, Jules, j'ai bien voulu aujourd'hui et par condescendance pour toi, recevoir avec politesse ton ami; mais je te préviens que jamais il ne sera le mien, qu'à aucun prix et pour aucune cause non-seulement je ne voudrais pas être à lui; mais de plus que je ne lui permettrai de me parler de ce que tu appelles sa tendresse, et qui n'est certainement qu'une fantaisie; mon choix est fait, tu le connais, tu l'as toi-même approuvé pendant un long espace de temps: ne viens donc pas me solliciter en faveur d'un homme que je n'aime point, et que j'estime moins encore.

La franche rudesse de cette réponse contraria Jules; il sortit fâché contre sa sœur et revint chez Olivia qui l'attendait; elle tenait à la main un papier, et le cacha aussitôt que le jeune Renal entra dans la chambre. Ceci ne put pas être fait avec assez de rapidité pour lui en dérober la connaissance; il vit le geste, la sorte d'embarras de l'Italienne, et tout aussitôt s'élançant vers elle :

— Que dérobes-tu à ma vue, dit-il, et qui te donne du chagrin?

— Peu de chose, dit-elle, ce que j'aurais voulu te laisser ignorer, une lettre fâcheuse qui exige impérieusement mon départ. Lis-la.

Elle la présenta à Jules qui la repoussa du revers de sa main.

— Qu'en ai-je besoin, que m'apprendra-t-elle de pis que tes paroles ! tu dois partir, voilà tout, peu m'importe le reste. Eh bien, Olivia, bon voyage, sois heureuse, et pense parfois à moi.

A peine ces mots dits, et voulant dérober ses larmes et la douleur qui le torturait, Jules s'élance hors de l'appartement, se précipite dans l'escalier et court d'un pas rapide où il savait rencontrer Gabriel; c'était dans un chemin creux, qui hors la porte Villeneuve conduit de Toulouse au canal du Midi; il y trouva son ami, il fut à lui.

— Elle part, dit-il, elle part, et sous peu de jours, sans doute, je ne survivrai pas à notre séparation : si elle me quitte, il faut que je meure.

— Quoi ! dit Gabriel, l'aimez-vous à ce point?

— Je l'aime par-delà tout amour !

— Cet aveu rendra croyable celui que je vais vous faire. J'aime aussi avec cette même violence.

— Ma sœur?

— Oui, Lucie est ma passion d'autant plus impétueuse qu'elle n'est point partagée, et que je ne vois point le moment où elle le sera.

— Je vous plains, Gabriel; mais Olivia me sera-t-elle enlevée, éprouverais-je cette torture affreuse?

— Je vous plains, Jules.

— Est-ce que vous n'auriez pas mieux à faire pour moi?

— C'était la demande que j'allais vous adresser relativement à ce qui me concerne.

— Ah! Gabriel!

— Mon ami, tout doit être commun entre nous; il dépend de moi que vous possédiez perpétuellement Olivia; mais ce doit être à une condition, c'est que Lucie deviendra ma femme.

— Comment y consentirait-elle? vous savez que son cœur vous repousse, apprenez que sa main est presque promise par mon père à mon autre ami.

— Oui, à ce militaire avorté, à cet homme qui a quitté l'épée pour la robe, et dont toute la bravoure s'est épuisée dans le combat où il conquit l'étoile qui pare son vêtement; que m'importe ces promesses, ces amours réciproques! si vous étiez là pour me seconder!

— Que feriez-vous?

— Peu de chose; j'amènerais, si j'étais en votre place, ma sœur à la maison de campagne de mon père, là j'appellerais Gabriel, je lui dirais : Tu es le beau-frère de mon choix, prends la main de Lucie, je te la donne; et Lucie serait à moi, et Olivia t'appartiendrait sans retard; et tous quatre passant en Italie, irions chercher la fortune dans ce pays.

— De la violence, Gabriel!

— Oh! pas tout à fait, de l'insistance, à la bonne heure; les femmes d'ailleurs aiment qu'on les presse; je tourmenterais celle-là de mon amour, peut-être à la fin lui ferais-je pitié; dans tous les cas, elle finirait par se taire et prendre son parti comme tant d'autres; au reste, ce n'est point par séduction que je veux vous amener à me satisfaire, mettons que nous ayons traité un autre sujet, oublions celui-là; mais je vous en prie, ne venez plus me rompre la tête de vos lamentations, laissez partir Olivia ou fuyez avec elle si vous le pouvez.

— Mais, Gabriel, où sont vos ressources, où sont les miennes, pour tenter un pareil coup?

— Où elles sont? dans notre ferme volonté, dans une détermination bien prononcée de ployer toute chose à notre satisfaction; je sais mille moyens pour nous procurer de l'argent. Vous êtes brave, j'aime à le croire, je le suis, et j'en réponds; j'ai des compagnons qui ne demandent pas mieux que de me voir à leur tête, et je vous le répète pour la dernière fois, cherchons la guerre sur la mer ou sur la terre; voyez à vous décider, et revenez demain au soir à l'entrée de la nuit me retrouver au lieu où nous sommes, jusque-là j'aurai certaines occupations qui ne me permettront pas de vous revoir. Adieu, reprenez le chemin de la petite ville; il faut, moi, que j'aille plus avant.

Jules était venu chercher auprès de son ami des consolations, et non la proposition dangereuse qui venait de lui être faite; il voulait bien posséder Olivia, et non vendre sa sœur; cette position déchirante ajoutait aux angoisses d'un amour contrarié, et dans ce moment, ne sachant à quoi se résoudre, il crut devoir revenir chez la Génoise pour lui demander pardon de sa fuite précipitée, et de la sorte d'indifférence qu'il avait mise à recevoir ses adieux.

Olivia n'en était nullement blessée; elle avait reconnu sans peine tout ce que l'annonce de son départ avait élevé de tumultueux dans le cœur du jeune homme, ce coup préparé avec art avait réussi; Jules pouvait-il être boudé ? il ne le fut pas ; sa maîtresse reçut ses excuses et partagea ses larmes, ce fut tout, il ne put jamais obtenir d'elle la renonciation à ce voyage, source de tous ses chagrins.

Cependant elle ne partit pas encore, elle disait chaque jour qu'elle allait se mettre en route, elle restait pourtant. Gabriel avait eu une conférence secrète avec Jules, et tous les deux gardèrent sur ce point un silence profond ; mais Jules plus que jamais s'écarta de Louis, et ne le remercia point du zèle qu'il avait mis à le tirer de peine, il se montra au contraire presque hostile à son égard. On apprit sur ces entrefaites que les jeunes Robert et Reverchon, qu'un mandat d'arrêt avait retenus dans la conciergerie, étaient parvenus à s'échapper; la police courut après, elle ne tarda pas à perdre leurs traces.

Louis Marnaud, depuis ce moment, ne put plus revoir M. Renal qui rentra dans Toulouse, mais seulement pour quelques heures, et qui en ressortit sans dire où il allait, prévenant seulement Lucie et Jules que son absence serait longue; il ne demanda pas à voir celui qui pouvait devenir son gendre : il existait en lui des contrastes bizarres, tels par exemple qu'un ardent amour pour ses enfans lorsqu'il était auprès d'eux, et une insouciance complète de leur avenir; les hommes sont ainsi faits, on ne doit jamais attendre d'eux une égalité entière et une concordance parfaite dans leurs qualités non plus que dans leurs vices.

La position des divers personnages ne changea donc pas. Louis toujours épris de Lucie lui consacrait les instants dont il disposait hors les heures du travail de cabinet ou de son stage; au Palais il était exact à ce qu'il devait faire, et par ceci non moins que par sa politesse, douce et grave tout à la fois, il se rendait la magistrature bienveillante à son égard et acquérait de plus en plus l'amitié des avocats ses confrères : on le chargeait de certaines causes de peu d'importance, et qui néanmoins n'étaient pas sans intérêt; on aimait à voir un étranger sans appui, sans protection que son mérite, s'élever au milieu du jeune barreau et croître par lui-même ; chacun prenait plaisir à l'obliger, on aimait à lui être utile, si bien on savait qu'il y avait fond à faire en sa reconnaissance.

Le vingt mai et vers l'heure de son dîner, moment fixé pour écouter les quelques clients qui réclamaient ses bons services, on heurta légèrement à sa porte, il fut ouvrir, sa femme de ménage n'étant point là, et se trouva face à face d'un homme de haute taille vêtu avec une simplicité élégante; sa figure noble et bien coupée était froide, peut-être même sévère : pâle habituellement, elle se couvrit d'un léger coloris, à l'instant où parut le jeune homme un éclair brilla dans les yeux de l'inconnu, mais le tout fut si rapide, si instantané que le maître de l'appartement ne put s'en apercevoir.

— Est-ce chez M. l'avocat Louis Marnaud que je suis, demanda le survenant ?

— Oui, monsieur, c'est moi-même.

— Enchanté, monsieur, de faire votre connaissance.

Louis s'inclina et ne répondit rien, il introduisit ce nouveau personnage dans le cabinet, lui offrit un siège, et en prit un vis-à-vis de lui, continuant à garder le silence, comme il le faisait toujours en présence d'un client, afin de donner à celui-ci le plaisir de développer ses idées. L'inconnu comprenant que c'était à lui à parler puisque Louis persistait à se taire :

— Monsieur, dit-il, je viens à vous pour un cas très grave ; j'avais un pupille que je chérissais tendrement, quoique je ne l'eusse jamais vu ; des mesures de prudence ne m'ayant pas permis de le garder auprès de moi, je le plaçai dans la carrière militaire : il était capitaine, il venait d'être décoré de la croix de la légion-d'honneur, lorsqu'il lui prit fantaisie de quitter le service pour étudier le droit; je fus fâché de ce caprice, sans le combattre cependant. Il est maintenant avocat. Une carrière brillante lui est promise, tant par ses talens que par le concours des amis puissans que j'emploierais pour lui. Voilà que sa tête se monte une seconde fois, et mon jeune étourdi va se marier, en dépit de la raison, avec une fille sans naissance et sans fortune.

— Sans fortune! monsieur, s'écria Louis entraîné par un mouvement involontaire; son père lui assure cent mille francs.

— Vous savez donc à qui vous parlez? demanda l'inconnu avec une émotion légèrement ironique.

— A mon bon, à mon respectable tuteur, à M. de Gervel, répliqua Louis en faisant un mouvement comme pour se jeter à ses pieds.

Il fut retenu par ce personnage, qui l'ayant attiré sur son sein, l'embrassa avec une chaleur extrême; et puis se hâtant de le repousser:

—Ah! jeune homme, dit-il, le cœur est donc excellent?

— Pouviez-vous en douter, monsieur, lui fut-il répondu; vous en auriez eu bien plus tôt la preuve si vous aviez voulu que je vous témoignasse de vive voix ma reconnaissance.

—Louis, dit familièrement M. de Gervel, la chose dont j'aime le moins à m'occuper c'est du passé, laissons-le en repos, à chaque jour suffit sa peine. Me voici à Toulouse pour quelque temps, nous aurons celui de nous voir et de nous connaître, et je me flatte que vous ne prendrez pas une femme sans avoir obtenu mon consentement.

—J'ai fait mon devoir en vous le demandant, et vous me l'avez refusé.

— Parce que je voulais aussi faire le mien, et que je ne crois pas que ce soit pour vous un mariage sortable.

— Mais, monsieur, y songez-vous? celle que j'aime est fille d'un négociant assez riche, puisqu'en la mariant il la dote de cent mille francs.

Elle a une famille, tandis que moi, orphelin, et peut-être pis.....

— Louis! votre naissance est légitime, je vous l'atteste.

— Eh bien, légitime, soit, en est-elle plus illustre? qu'ai-je de bien? mille écus de rente; où donc est la disproportion? apprenez-le moi, je vous prie?

— Vous êtes bien curieux, répondit en riant M. de Gervel, est-ce que vous voudriez tout savoir en un jour? ayez moins d'impatience, espérez que votre sort sera heureux; et puisque vous êtes curieux je jetterai à votre faim de nouvelles, celle d'apprendre que des voleurs m'ont arrêté cette nuit presque aux portes de la ville, ils m'ont pris quelques écus qui achevaient le paiement des postillons, car je courais la poste, et une montre d'or avec sa chaîne, clé, cachets et breloques; ils n'ont pas eu le temps d'arriver à mon portefeuille et sont partis en entendant deux autres voitures qui arrivaient après la mienne. Ils étaient trois. Mon valet de chambre, vrai poltron s'il en fut, m'a empêché de me défendre. Croiriez-vous qu'il m'a saisi à bras-le-corps, l'imbécille! il n'eût pas mieux fait s'il eût été d'intelligence avec ces misérables.

VII

Il veut aller à la vertu.

>Qu'un ami véritable est une douce chose.
>LAFONTAINE. *Les deux amis.*

L'arrivée inattendue de M. de Gervel, l'opiniâtreté qu'il mettait à s'opposer, sans droit quelconque, au mariage que Louis voulait contracter, ainsi que l'attaque récente aux portes de Toulouse que des brigands avaient tentée contre lui; tout enfin de ce qui se rapportait à son tuteur, jeta une vive surprise dans l'âme du jeune homme. Il voyait cet étranger si froid, si composé à son égard jusques à ce jour, se montrer sous un aspect plus favorable depuis qu'il avait paru. On pouvait reconnaître en lui une affection sincère pour son pupille, affection qu'il tâchait peut-être de déguiser, mais qui éclatait malgré lui.

Quoique la résolution de Louis fût fortement arrêtée de ne lui céder en rien sur le fait de son mariage avec Lucie, il sentait néanmoins quelque chose qui le portait à respecter le nouveau venu. Charmé de détourner une conversation importante au moyen d'une divagation convenable, il témoigna son chagrin de l'affaire du vol, et engagea avec vivacité son ex-tuteur à porter ses plaintes à l'autorité compétente.

— Je ne sais ce que je ferai encore, répondit M. de Gervel ; si je fais connaître mon aventure, me voilà enchaîné à Toulouse pour long-temps, et peut-être forcé d'y revenir aussitôt que je l'aurai quittée. Non, et toute réflexion faite, je préfère perdre ce que l'on m'a enlevé.

Louis ne partageant point son opinion, la combattit par des raisons de justice générale, par la nécessité, que les gens de bien doivent se réunir contre les fripons, de manière à ne laisser à ceux-ci aucune trève. M. de Gervel ne se rendit pas; il quitta enfin Louis en lui donnant son adresse. Il s'était logé à l'hôtel de France, sur la place Saint-Etienne, en attendant qu'il pût trouver un appartement vaste et bien meublé dans une maison particulière.

— Vous viendrez, dit-il en partant, me voir chaque jour; il faut même que vous preniez l'engagement de faire votre table de la mienne; non que j'aie l'intention de vous assujettir à me suivre comme mon ombre, mais afin de vous voir plus long-temps.

Louis, après s'être défendu, céda parce que M. de Gervel mit à l'emporter, cette insistance dont la prolongation annonce que l'on veut ce que l'on avance, et que ce n'est point une simple politesse que l'on fait. Dès que le jeune homme fut seul, il s'abandonna à une foule de réflexions sur cet incident de sa vie. Il vit bien qu'il aurait des combats à soutenir pour arriver librement à son but. Mais il se répéta plusieurs fois afin de se tranquilliser : qu'en dernière analyse, nul au monde, depuis qu'il avait atteint sa vingt-cinquième année, ne pouvait exercer un droit quelconque sur sa personne. Notre avocat connaissait le code, et, certes, il l'aurait en cas de besoin interprété en sa faveur.

Son premier soin fut d'aller chercher à retremper son énergie auprès de celle pour laquelle il se préparait à combattre. Lucie, quand elle le vit, lui témoigna un redoublement de tendresse; elle était avec ses deux amies, Marianne Delpeyre et Cécile Melon : la première, toujours gaie et capricieuse, s'était de nouveau brouillée avec son cousin ; la seconde, qui croyait aimer aussi, commençait à s'apercevoir que son amour prétendu pourrait bien n'être qu'une fantaisie, et non pas un attachement profond. Les jeunes filles se trompent souvent en pareille matière, elles prennent pour de la passion ce qui n'est que l'impétuosité d'un cœur encore novice ; il est rare qu'elles ne le sentent pas battre pour le premier qui se montre galant envers elles, et alors elles se figurent aimer toujours, lorsqu'il n'en est rien encore.

Cécile était franche, elle avoua ce qui se passait en elle, et la petite société disserta gravement sur cette thèse aussi bien qu'on aurait pu le faire dans quelque antique cour d'amour. Sur ces entrefaites, Jules entre ; Jules, à l'œil morne, à la figure éteinte, à la démarche embarrassée. Il se jeta sur une chaise, saluant à peine la compagnie ; chacun reconnut qu'il n'était pas dans son état naturel, et qu'une émotion extraordinaire le dominait dans ce moment. Louis en eut pitié, il vint à lui, et d'un ton plein d'amitié, il l'engagea à faire ensemble un tour de promenade dans le jardin. Jules tressaillit, ses yeux s'animèrent, il repoussa d'abord, et d'un geste dur, mais sans paroles, la proposition de son ancien ami ; cependant, honteux de son impolitesse non motivée, il revint à lui, et pour la réparer :

— Soit, dit-il, allons, Louis, respirer un air meilleur que celui de cette salle étouffée; aussi bien il me semble que je suis plus à mon aise sous la voûte des cieux, en plate campagne, surtout là, on a plus de peine à surprendre ceux qui se tiennent sur leur garde.

La bizarrerie de ce propos étonna les auditeurs; Cécile Melon jeta sur celui qui le proférait un regard particulier, elle se sentit intéressée par la sorte de chagrin qui semblait accabler ce jeune homme, regardé jusques alors par elle comme un jeune étourdi. Jules était trop occupé de ses propres idées pour s'être aperçu de ce regard; il y avait devant ses yeux ce nuage qui nous enveloppe et nous cache tous les objets extérieurs, lorsque notre cœur est fortement préoccupé. Il prit le bras de Louis, et tous les deux sortirent ensemble; dès qu'ils furent dans le jardin, Marnaud serrant Jules affectueusement dans ses bras:

— Mon ami, lui dit-il, que fais-tu depuis plusieurs jours? pourquoi, non content de me fuir, cherches-tu à m'être désagréable, à me manifester avec haine, que certainement tu ne peux ressentir à mon égard, que t'ai-je fait, ou plutôt quel mauvais esprit a rempli ton cœur d'aigreur et de défiance ?

Jules ne répondit pas, Louis poursuivit: Ton silence me prouve que tu ne trouves rien qui puisse justifier ta conduite; il ne t'est pas possible de m'accuser avec quelque raison, je le savais à l'avance, c'est donc maintenant à moi à t'adresser de vifs reproches, que je puis malheureusement appuyer sur des faits. Que deviens-tu, quelle triste société est la tienne; sais-tu que les gens qui ne te quittent point, possèdent dans Toulouse une réputation peu avantageuse? ils n'ont aucune vertu, leurs vices éclatent en toute circonstance, et leurs actions....

— Leurs actions, répéta Jules avec véhémence, ah! n'insultez pas mes amis.

— Dignes amis! en effet, que des gens sans aveu, qui passent leur vie sans rien faire, qui ne sortent point des cafés, et dont les moyens d'existence.......

Jules fit un mouvement d'effroi ; puis serrant les mains de Louis :

— Ecoute, lui dit-il, un avis que je veux te donner : ne te mêle point de ce qui ne te regarde en aucune manière. Tu pourrais t'en trouver mal : laisse mes amis tranquilles, et parce qu'ils ne sont point des Catons, n'en fais pas des misérables.

— Je les accuse d'après la voix publique qui se trompe rarement ; je prise leurs œuvres, elles sont patentes : j'espère que tu ne les nieras pas.

— Je suis un insensé, un misérable, répliqua Jules avec emportement, je me fais horreur à moi-même, et néanmoins je déteste ceux qui valent mieux que moi.

— Voilà une façon de penser bien bizarre. Dois-tu réserver cette aversion pour moi, par exemple ? ne serait-elle pas mieux placée, si tu la déversais sur ceux qui t'égarent, Jules ? tes paroles me prouvent que ton bon naturel existe ; tâche de ne pas l'étouffer en entier, reviens à toi, il en est temps encore. Prends-moi pour ton confident; verse tes chagrins, tes inquiétudes dans mon sein. Eh! qui doit te porter un intérêt plus tendre? tu sais que j'aspire à devenir ton frère.

Louis reconnut aux rayons de la lune qui frappèrent en ce moment le visage de Jules combien celui-ci était agité. Il vit les larmes briller dans ses yeux, et il comprit plus que jamais que quelque chose d'important troublait cette âme non encore façonnée au vice, et pourtant déjà engagée dans un chemin de perdition. Il renouvela ses instances avec plus de chaleur; il pria, il supplia son ami de lui accorder sa confiance, s'engageant à l'avance, par un serment solennel, à ne jamais révéler ce qu'il lui conterait. Jules l'écoutait avec peine; il se contenta de lui répondre :

— Il faut absolument que je sorte de Toulouse : cette ville me pèse. Je ne puis y résider en repos : trop de tracas m'y assiégent. Tu auras, tu as déjà, peut-être, du crédit snr mon père : eh bien! seul tu as obtenu qu'il fasse de moi quelque chose; pourquoi me fait-il végéter ici ? D'où vient qu'il ne me destine à aucune carrière ? cette oisiveté m'est odieuse, elle me jette par fois dans des extravagances dont je rougis plus tard. Il faut que cela ait un terme ; qu'il me place dans le commerce, dans le militaire, qu'il m'envoie en Europe, en Amérique, quelque part, tout me sera égal, pourvu que j'aie mes coudées franches, que je puisse aller et venir, non sans but positif, mais soumis aux lois d'un devoir légitime.

— J'approuve ton dessein, et je tâcherai d'y faire condescendre ton père. Et, cependant, pourquoi veux-tu nous quitter ? ne pourrais-tu, ici même, trouver ce travail dont tu sens la nécessité ?

— Non, non, je ne puis pas rester dans Toulouse, ne mets aucun obstacle à ce désir ; au nom de mon père, de ma sœur, et pour toi-même, laisse-moi m'exiler volontairement: un refus que tu ne vaincrais pas, vous serait à tous bien funeste.

L'expression sinistre avec laquelle Jules prononça ces dernières paroles, épouvanta presque celui qui les entendit; il connaissait la perversité des camarades du jeune Renal, et il redouta que déjà ils ne l'eussent entraîné dans une intrigue coupable : c'était un point délicat à traiter, il crut devoir l'aborder avec franchise, et toutefois avec précaution.

— J'aime à te voir craindre de compromettre la paix dont tes parens peuvent jouir, mais ces terreurs que tu me manifestes sur la prolongation de ton séjour près de nous, ils prennent sans doute leur naissance dans une prévision sentie de tout ce que peut te faire commettre une société infâme et corrompue.

— Il faut que je parte, Louis, ne me demande pas ce que je ne puis te dire, il faut que je parte promptement, ou nous sommes tous perdus.

— Ah! s'écrie Louis en arrêtant son ami, tu viens de m'en trop dire pour que maintenant je te laisse en repos; n'es-tu plus seulement étourdi? aurais-tu fait un pas fatal dans une route épouvantable?

— Ne suffit-il pas que je sois sur le point d'y tomber, pour qu'il y ait urgence à venir à mon secours? répliqua Jules avec une inflexion de voix qui ne plut pas à Louis. Je te le répéterai pour la centième fois, obtiens de mon père qu'il m'envoie où bon lui semblera, mais qu'il ne tarde point, il sera responsable de toutes les heures d'angoisses que je passerai dans ce maudit séjour.

— Plus je t'écoute et plus mon âme s'ouvre à des pensées sinistres; je comprends que tu dois nous quitter, et certes je supplierai ton père de ne mettre aucun obstacle à cette résolution, que tout m'annonce être désormais une nécessité. Mais, où rencontrer ton père, dans quelle ville lui adresser ta supplique? son usage constant, m'avez-vous dit, est de ne jamais donner son adresse; il sera long-temps en route, à ce qu'il m'a écrit.....

— Et lorsqu'il reviendra, il n'y aura plus rien à faire pour son pauvre fils, dit Jules, du ton d'une douleur morale profondément sentie.

— Jules, répliqua son ami, plus tu me

parles, et plus tu me jettes dans d'étranges appréhensions, je vois que le moment est venu de te secourir sans tarder. Tu veux fuir Toulouse, et tu dois avoir pour cela des motifs bien puissans. Voici ce que je te proposerai : je loge dans la maison d'un chapelier, honnête homme, et qui, lui et sa femme, possèdent toute ma confiance; il me parlait ces jours passés du désir qu'il aurait de pouvoir donner à sa maison des relations extérieures et avantageuses par le moyen d'un commis voyageur; il regrettait que l'état actuel de ses affaires ne lui permît pas de faire cette dépense; je vais te proposer à lui, tu traiteras pour son compte, il ne te payera pas encore, et en attendant que ton père soit revenu, tu pourvoiras à ta dépense avec un sac de mille francs, que j'ai épargné sur mes revenus de plusieurs années. Par là, sera rempli ton désir de nous abandonner, et ni moi, ni les autres ne serons pas coupables des malheurs que tu m'as fait entrevoir.

A ces mots, Jules l'embrassa avec effusion. Tu me rends à la vie, dit-il, tu enlèves de dessus mon cœur le poids affreux qui l'écrase; sans ton secours, tout était fini pour moi. Eh bien, puisque ta compassion vient au secours de ma folie, j'accepte l'offre que tu me fais; demain tu parleras au négociant de ta connaissance, tu lui feras valoir ma bonne volonté, et j'ose te répondre que ses intérêts me seront sacrés. Je serai neuf dans la matière, je tâcherai de réparer par des formes prudentes mon inexpérience; l'essentiel pour moi est de partir, non en insensé, mais avec une occupation positive, qui ne me permette pas d'avoir la libre disposition de tous mes momens.

— C'est donc chose convenue?

— Oui, Louis, et ce qui doit l'être aussi, c'est que tu me pardonnes et que tu oublies ma conduite à ton égard.

Le jeune avocat ne répondit à ceci que par un geste affectueux, puis il dit :

— Notre conférence sérieuse a duré un temps énorme; veux-tu que nous rentrions au salon? ces demoiselles doivent deviser sur notre peu de galanterie.

— Ah! la galanterie, l'amour! qu'est-ce que tout cela, repartit Jules avec amertume, ce sont des futilités bien légères, lorsque l'âme est remplie par de profonds sentimens.

— Je ne pense pas de même : l'amour est à mes yeux l'affaire la plus importante de ma vie.

— Cela doit être, toi qui n'as rien à te reprocher.

Les deux amis se turent, ils étaient déjà parvenus à la porte du salon, et les trois jeunes personnes, dans leur franchise naïve, les accueillirent par un cri de joie ; leur gaieté, leur abandon aimable se communiquèrent au cœur de Jules : il souffrait déjà moins, parce que l'espérance descendait dans son cœur; il put aussi prendre part à la conversation, et presque y remarquer combien Cécile était jolie avec ses yeux noirs, ses cheveux blonds, sa bouche si fraîche et sa peau si blanche. Il fit attention et à sa taille et à son embonpoint, et à tous les charmes physiques dont la nature l'avait dotée ; mais qu'était-elle, pourtant, auprès de la superbe Italienne? une simple fleur des champs devant la tulipe éclatante.

Il était tard, les deux jeunes filles partirent, et Louis et Jules s'offrirent à les accompagner; elles étaient proches voisines, la course ne fut pas longue. Louis allait proposer à Jules de le ramener jusques à sa porte, lorsque celui-ci se mit à dire :

— La nuit est superbe! j'éprouve le besoin de rêver encore au contentement que je te devrai; laisse-moi te conduire jusques à ta maison, je reviendrai lentement, et cette course salutaire me procurera peut-être un sommeil réparateur.

Louis ne crut devoir faire aucune objection; ils se mirent en route. Comme ils entraient dans la rue du Four-Bastard, ils furent croisés par un homme de haute taille, soigneusement enveloppé dans une cape espagnole. La singularité de ce costume, que la saison déjà chaude ne comportait pas, surprit Louis; il en parla à Jules. Celui-ci qui avait suivi d'un œil inquiet la marche de l'inconnu, répondit avec embarras :

—C'est peut-être un réfugié fidèle aux usages de sa patrie.

Cet incident cessa d'occuper Louis, il arriva peu après chez lui, et résista par pure obligeance au désir que Jules témoigna de monter dans son appartement. Son refus causa une sorte de tristesse au jeune Renal, qui l'embrassa, en soupirant; la porte se referma, il resta seul incertain sur ce qu'il avait à faire. Pendant qu'il délibérait sur la route à prendre, et que peut-être il écoutait la voix de la prudence, qui lui enjoignait de ne pas revenir par la rue du Four-Bastard, il entendit venir du côté de la place Royale, (il était alors dans la rue Saint-Rome,) un groupe de jeunes Toulousains qui chantaient un chœur, avec ce goût exquis et ces voix admirables qui semblent être l'apanage exclusif de la capitale du Languedoc. Les sons filés dans une perfection surprenante, l'ensemble qui résultait de l'oreille délicate de chaque musicien sans science, et le gracieux de l'air, passant tour-à-tour du ton mélancolique à un mouvement animé, transportèrent Jules vers un monde idéal où il s'élevait rarement; il demeura immobile, appuyé contre une borne, perdu dans une admiration profondément sentie, parce que, lui aussi, savait chanter sur ce ton.

Le cortége harmonieux passa devant lui, accompagné de quelques groupes d'amateurs qui jouissaient de cette délicieuse mélodie. Les fenêtres s'ouvraient à son approche ; l'œil du jeune homme qui rôdait aux environs, pouvait admirer les jeunes filles à demi vêtues et sans aucune coiffure, qui cachaient en avançant leur jolie tête, dans la vue de suivre, autant qu'il était possible, le concert ambulant qui s'éloignait. Cependant la distance, en affaiblissant l'éclat des voix, leur prêtait un nouveau charme. Jules ne respirait pas, son âme était dans une agitation passionnée, que lui inspirait le goût des arts, lorsque de la rue du May, ouverte en face de lui, s'avança un personnage dont la figure était plus qu'aux trois quarts enveloppée par d'énormes favoris; des lunettes vertes couvraient ses yeux, et un immense feutre gris ne permettait pas que ses traits fussent éclairés des rayons de la lune, qui continuait de monter à l'horison.

Cet individu marchait à pas comptés, regardant parfois derrière lui. Une grosse canne de houx armait sa main, il la faisait résonner sur le pavé, car elle était armée de fer ; c'était par amusement, comme aussi ce pouvait être pour annoncer à ceux qui viendraient à lui avec de mauvais desseins, qu'il était en mesure de repousser toute agression indiscrète. Il s'arrêta au débouché, près de la rue dont il sortait, et à la clarté de l'astre nocturne qui frappait en plein contre la muraille opposée, il reconnut Jules Renal ; ne balançant plus à s'approcher de lui, il traversa rapidement le ruisseau, et élevant sa canne en geste de menace :

— La bourse ou la vie, dit-il en riant.

— Ah ! la bourse, s'écria Jules encore tout entier à sa rêverie, tu ne l'auras que par force, et nous allons voir...

La parole expira sur ses lèvres, ainsi que son humeur belliqueuse, lorsque dans le prétendu assaillant il eut reconnu Hilaire Robert.

— La sotte plaisanterie ! lui dit-il alors avec dépit.

—Ah ! monsieur se fâche, répliqua l'autre, de ce qu'il se laisse surprendre! Est-ce que tu es là en sentinelle de la part du chef ?

— Je ne suis point un drôle comme toi, repartit Jules avec amertume, je n'ai pas de chefs, et je ne sais point faire le pied de grue dans un carrefour.

— J'entends, monsieur travaille pour son compte, il a quelque jolie maîtresse, qui ne tardera pas à lui ouvrir la porte ; encore si c'était celle d'une bonne maison et qu'il y eût un coup à faire, nous pourrions le tenter à nous deux, et en passer la plume par le bec aux autres.

— Scélérat ! s'écria Jules, me prends-tu pour un voleur de grand chemin ? crois-tu que je possède une part de ta vilaine âme ?

— Oh ! garnement ! comme tu es dur envers le pauvre monde ! On dirait à t'entendre que tu ne fais point partie de la société ; et attendu que le chef te ménage et te tient encore à l'écart, que tu n'as pas quitté la classe des bourgeois imbéciles pour t'enrôler dans celle des bons garçons.

—Laisse-moi tranquille, Hilaire, je ne te disais rien, passe ta route, vas où tu as affaire, je n'ai rien ici à démêler avec toi.

Deux coups de sifflet précipités se firent entendre du côté du marché de la Pierre.

— Voilà un appel, dit Robert, quelqu'un des nôtres a besoin d'aide; j'espère que tu ne balanceras point à l'aider à le sortir d'embarras ?

— Qu'il y périsse lui et tous ceux qui lui ressemblent! riposta Jules avec emportement: et aussitôt, et sans plus écouter son camarade, il prit avec vitesse la rue Reneville, qui s'ouvrait à côté de lui et qui le ramenait dans celle du Four-Bastard, que d'abord il avait voulu éviter.

VIII

L'abyme.

> La faiblesse de caractère est un fondement solide, sur lequel l'astuce édifie le crime.
>
> *Recueil de maximes.*

On ne peut manquer à sa destinée : Jules fuyait un ami coupable, il ne tarda pas à rencontrer l'homme à la cape espagnole; il était dans l'embrâsure d'une porte cochère, et lorsqu'il l'entendit approcher, il s'avança de quelques pas et déploya dans une position étudiée la richesse de sa haute taille. A cet aspect, le jeune Renal se tordit les mains, mais il ne songea pas à rebrousser chemin : il marcha droit au personnage mystérieux, poussé comme par cette attraction qui attire le jeune oiseau vers la gueule empestée d'un serpent.

— Vous vous faites bien attendre, lui fut-il dit d'un ton de reproche.

— Savais-je que vous fussiez là !

— Oui, vous le saviez, vous m'avez vu passer, et j'espérais en vous plus d'exactitude.

— Ou plus d'obéissance, peut-être !

— Obéissance, exactitude, comme il vous plaira; je ne dispute sur les mots que lorsqu'on me conteste la chose. Or, comme vous me l'avez accordé, je ne sais pas pourquoi je m'attacherais à chercher avec vous un fêtu sur un œuf. Avez-vous réfléchi à mes propositions ? Vous me connaissez parfaitement ; je n'ai pas mis de borne à ma confiance ; vous avez été initié à mes secrets, à ceux de nos amis. On a cherché à vous délivrer des préjugés de votre enfance ! y sommes-nous parvenus; êtes-vous un homme sur lequel on puisse s'appuyer ? Aimez-vous enfin Olivia? La voulez-vous pour toujours et sans partage?

Jules se taisait.

— Je n'approuve pas votre silence ! il faut de la loyauté, même en ceci, vos réflexions doivent être achevées.

— Encore un jour, Gabriel, un jour, encore rien qu'un seul, ce n'est pas trop, lorsqu'il s'agit de décider du sort de toute la vie, je ne puis agir avec légèreté; et si je venais à me repentir!

— Ce serait tant pis pour vous; nos conditions vous sont connues. Dévouement sans borne à nos amis et cent coups de poignard à l'infidèle; oui, Jules, faites bien attention que ces choses-là ne sont point des jeux d'enfans, songez même que vous êtes déjà trop avant dans notre confiance, pour qu'il vous soit permis de reculer; que ceux qui viennent après moi, pourront se plaindre de ma légèreté, si vous ne devenez pas un des nôtres. Cependant voyez de vous interroger, je ne veux pas vous contraindre, je désire vous persuader.

— Eh bien, demain au soir vous aurez ma

réponse; quand je dis demain au soir c'est après-demain que je veux dire, si vous comptez encore cette nuit dans le jour qui vient de s'écouler.

— Non, minuit a sonné aux horloges de la ville; d'ailleurs ce n'est point ici une surprise que je veux tenter, c'est une décision sûre et durable que vous me donnerez; mais l'obtiendrai-je? Votre rapprochement de tantôt avec un homme que je vous avais conseillé de fuir, vos hésitations, vos terreurs ridicules....

— Gabriel, je suis un mauvais sujet, et pourtant je recule d'effroi à la vue de la carrière où je vais me lancer; et lorsque je songe à mon père.......

— Votre père, riposta Gabriel en accompagnant ses paroles d'un éclat de rire infernal, ah, laissez en paix votre père, que ce ne soit pas son souvenir qui trouble jamais votre courage; un négociant, je vous le répète, ne vaut souvent guère plus que nous. Et si je vous citais des exemples....

— Mais il me semble que j'entends le bruit

d'une patrouille urbaine, dit Jules qui avait quelque envie de terminer cette conversation.

— Oui, répondit Gabriel après avoir écouté avec attention, elle vient à nous de la rue Saint-Pantaléon, passez par les Tourneurs, je vais prendre du côté de la place Saint-Georges. Adieu, à demain au soir, je vous attendrai où vous savez.

Ils se séparèrent, Gabriel chemina avec lenteur, Jules avec la vivacité de son âge : il lui tardait d'être rentré chez lui et de pouvoir échapper à une séduction que malgré son peu de délicatesse il ne supportait qu'avec chagrin ; mais il avait encore une tâche bien pénible à remplir, celle de décider Olivia à le suivre dans la nouvelle carrière qu'il voulait courir le même jour ; mais vers les neuf heures du matin il se rendit chez elle.

—Bonjour, Jules, lui dit-elle, il me tardait de te voir; hier tu m'avais quittée avec un tel chagrin que je n'ai pas sommeillé tranquille: tu ne sais donc point te décider, t'accoutumerais-tu à mon absence?

—C'est, au contraire, parce que je ne voudrais jamais me séparer de toi, reprit le jeune homme, que je t'ai paru triste et soucieux; crois-tu que ce soit en suivant Gabriel dans ses entreprises dangereuses, que nous obtenions cette tranquillité qui donne tant de prix à l'amour? ne nous exposerons-nous pas à des chances qui sépareront notre fortune, ne resterons-nous pas toujours ensemble; et si dès mon début dans cette carrière périlleuse, j'étais arrêté par ma mauvaise étoile, si tu tombais dans le piége que sans doute on doit placer constamment devant nous, que deviendrais-je, Olivia, je te le demande, crois-tu que je pourrais consentir à vivre déshonoré et sans toi?

— As-tu un meilleur parti à prendre?

— Oui, un parti préférable qui peut nous conduire au bonheur, sans nous exposer en aucune manière, moins brillant, il est vrai, mais plus sûr.

— Un château en Espagne à visiter, un voyage à faire au pays des songes creux?

— En effet, répliqua Jules, il s'agit d'un

voyage. Écoute-moi, Olivia, écoute-moi avec le désir de me plaire, tel que je conserve celui de t'aimer toujours. Est-ce mon cœur qui t'est agréable, ou bien des richesses que je ne posséderai jamais et dont la recherche me sera funeste, que tu préfères? un de mes amis s'engage à me procurer dans le commerce une existence honorable, il me fournit de l'argent pour attendre le retour de mon père; mais il faut qu'après-demain, dans le plan dont je me suis tracé l'exécution, je sois hors de cette ville et loin de l'influence de Gabriel; nous commencerons une nouvelle vie, plus calme, plus heureuse, et quand mon père reviendra, je me présenterai à lui et je demanderai à sa tendresse qu'elle nous unisse par des nœuds indissolubles.

—Voilà parler à merveille, répondit la Génoise avec une teinte d'ironie qui n'échappa point à son amant : il te plaît de renoncer à ton ami, de le laisser dans la vive inquiétude de t'avoir révélé un secret qui n'est pas entièrement le sien, et de me conduire avec toi au gré de ta nouvelle fantaisie? Tu es jeune, tu as peu d'expérience ; et par toi-même, en cas de malheur, je ne sais si tu saurais nous sortir d'affaire ? Je présume que pour fournir convenablement aux dépenses de la course que nous allons entreprendre, tu as obtenu de ton autre ami une somme suffisante.

— Oui, dit Jules en hésitant, il me donnera mille francs.

— Mille francs !... s'écria la Florentine, en éclatant de rire ; mille extravagances ! fou que tu es dans toute ta personne : et que ferions-nous ensemble avec cette chétive poignée de pièces d'or? quinze jours l'épuiseraient même en vivant avec économie ; il ne te reste plus qu'à me faire connaître le genre de haut négoce dans lequel tu vas te lancer ?

— Je voyagerai, répondit Jules d'un ton plus bas encore, pour le compte d'un chapelier de la rue Saint-Rome.

Ici, la gaieté d'Olivia fut poussée à son comble, elle s'abandonna à un rire immodéré, et en même temps elle repoussa son amant du revers de la main. — Miséricorde ! dit-elle. Ah ! San Lorenzo ! Le pauvre jeune homme ne possède plus sa raison !... Et c'est, Jules, une existence pareille que tu m'offres de partager ? Egoïste ! parce que tu as peur, il faut que je devienne misérable ! que je sois avant peu descendue au dessous des créatures les plus viles ! Et un homme qui prétend m'aimer, me propose sérieusement une pareille existence ! je ne sais où il s'est formé une idée aussi mesquine de mon caractère.

— Je croyais que tu m'aimais, et l'amour, tel que je l'entends, amène à tous les sacrifices possible.

— Eh bien ! Jules, puisque c'est là ta doctrine, permets que je la tourne contre toi, que j'exige de mon amant, non la plaisanterie d'aller vivoter avec lui en maîtresse d'un petit commis voyageur ; mais une renonciation aux préjugés de ton enfance, une soumission complète à toutes mes volontés. Il faut, s'il a pour moi la tendresse dont il se vante, qu'il s'affilie à Gabriel et à ses amis, et que marchant en aveugle, mais en brave, dans la carrière que nous lui tracerons, il ne voie que moi pour guide. Telle est ma volonté ! Il me demande si je l'aime ! et si cela n'était point, qui m'obligerait, mon caprice satisfait, de lui demeurer attachée ? Que fait-il pour moi ? où sont les preuves matérielles de sa passion ? Quel est le rang qu'il m'immole, la fortune qu'il détruit ? Je ne vois rien de toutes ces choses ! Qui pourrait m'attacher à lui, si je ne l'aimais pas ? Rien de ce qui porte une femme à tromper un grand seigneur, un financier, un homme de haute réputation ! Tu n'as, ni titre, ni or, ni renom ; tu es un jeune fou, obscur et presque pauvre ! donc, l'amour que je te porte est tout désintéressé, et existe pur dans mon cœur. Ne m'interroge pas alors avec une sorte d'arrogance, et rougis des preuves que je te donne d'une tendresse dont tu oses douter.

La véhémence avec laquelle Olivia prononça ces paroles, la vive rougeur qui augmenta la beauté de son visage, les éclairs partis de ses yeux, et plus encore la force apparente de ce qu'elle disait firent tomber Jules dans un abattement mélancolique qui se manifesta par une pâleur extrême ; il se promena dans la chambre, en proie à des sensations diverses et tumultueuses, entraîné et non convaincu ; sa maîtresse venait de dissiper les rêves doux de repos extérieur et de paix de l'âme qu'il s'était complu à former depuis la veille au soir, et passait tout à coup de la tranquillité d'un lieu paisible à une tempête furieuse au milieu de la mer ; il aurait voulu être heureux à sa manière, Olivia exigeait que ce fût à la sienne ; il sentait que c'était là le moment décisif, et que puisqu'elle se refusait à céder, il fallait qu'il cédât lui-même ou qu'il rompît sans retour.

La séductrice habile suivait-elle les progrès de la lutte que la raison et l'amour se livraient dans le cœur de Jules ? ne désirant pas que la première eût le dessus, car le jeune homme lui était cher véritablement, elle courut ; à l'aide de sa propre victoire elle attira son amant, et par tout ce qui porte un être passionné vers le délire des sens, Olivia triompha de la faiblesse de Jules; celui-ci courant dans ses bras, ivre d'amour, lui promit de ne plus sortir de Toulouse et de s'enrôler définitivement dans la troupe que Gabriel songeait à former.

— Mon ami, lui dit-elle, voilà sans doute beaucoup; mais ne dois-tu pas faire plus encore? Et ta sœur?...

— Olivia! répondit Jules, que je mette à tes pieds mon bonheur, ma vertu; peut-être la faute, si c'en est une, ne regarde que moi; mais ce qui concerne ma sœur, me devient sacré dès le moment que je me sépare d'elle. Oui, tant que Gabriel ne m'a pas été connu complètement, j'aurais tâché de toutes manières d'attirer sur lui l'amour de Lucie; mais à présent... oh! mon dieu! je me reprocherais ce crime, de lui donner pour amant, ou pour époux, un voleur de grand chemin.

Un éclair de colère brilla dans les yeux de la Génoise, elle se contint cependant.

— Pauvre garçon, dit-elle, je ne sais pourquoi cet homme fort tient à ta conquête, tu es pis qu'une femme, une femme faible; car moi... Allons, il faut que tu m'aies ensorcelée, je croyais ne pouvoir jamais aimer qu'un héros, qu'un être supérieur à la force humaine; vante-toi, Jules, de ton triomphe, et surtout ne m'accuse point de ne pas t'aimer.

Le jeune Renal termina sa conversation avec Olivia, il éprouvait en ce moment un désir singulier, celui de se lier plus intimement encore avec Gabriel, il sentait que tout son amour ne suffirait pas, peut-être, à le décider au rôle qu'on voulait lui faire jouer, et, comme tant de caractères sans énergie, il prétendait se contraindre lui-même à l'accepter, en le rendant la conséquence d'un serment sacrilège. Que de fausses idées nous égarent, celle, par exemple, de nous rendre sacrées, par suite d'un faux point d'honneur, des choses qui en elles-mêmes sont criminelles!

La fortune courait à la perte de Jules, elle amena Gabriel au devant de lui ; il se doutait du motif qui l'attirait, rien qu'à voir la manière dont il portait sa tête et l'exaltation factice qui se peignait sur ses traits.

— Je n'hésite plus, lui dit l'imprudent, je suis à toi pour la vie, rends-moi digne d'Olivia, puisque, pour m'élever à ses yeux, il faut que je perde aux miens.

— Tu es sous l'empire du fanatisme, vois ce monde dans sa vérité : deux classes, ceux qui prennent, ceux à qui on prend; tout ce qu'il y a d'habile dans la première, les sots ou les faibles dans la seconde, il n'y en a pas une troisième.

— Soit, répondit Jules avec un rire sardonique; mais en général, ceux de la seconde pendent ceux de la première.

— Oh, pas toujours; veux-tu que je te nomme les voleurs augustes...

— Dispense-toi de ce soin, je ne me rends pas aux exemples, je cède à l'amour, c'est lui qui me perd.

Gabriel ne répondit point, occupé qu'il était à contenir les élans d'une joie maligne, dont il ne voulait laisser paraître aucune trace. Cependant Jules attendait qu'il lui parlât, il le fit enfin, il lui donna rendez-vous pour le soir même, et cette fois hors des murs de la ville et sur la route de Montpellier ; là ils se présenteraient aux compagnons qui devaient aller avec eux tenter la fortune, soit dans le royaume, soit en Espagne ; car, Gabriel en ne travaillant que sur des places vastes, n'était pas encore décidé à celui qu'il préférerait.

Jules resta seul, ce fut alors que lancé sans retour dans une voie coupable, il se rappela ses engagemens avec Louis, le bien que celui-ci voulait lui faire, et les démarches que dans son intérêt il faisait en ce moment : De quel front, pensa-t-il, l'aborderai-je, comment oserai-je lui avouer que j'ai changé d'idée, et qu'aujourd'hui, je tiens à cette ville autant qu'hier j'avais d'empressement à la quitter ? Il m'attend peut-être, il s'étonne de mon retard, comment l'aborder, comment lui dirai-je ?...

Il n'acheva pas, fit un geste de désespoir et continua sa route. Le hasard le conduisit vers le cours Dillon, à une heure où cette belle promenade est ordinairement solitaire, à peine si quelques enfans avec leurs bonnes en égayaient l'imposante solitude. Jules poursuivi par ses pensées, le traversait dans sa longueur, lorsqu'il fut presque heurté par une jeune personne, qui, accompagnée d'un garçon de dix à onze ans, venait des allées de la porte de Murat; il leva les yeux et reconnut Cécile Melon, qui à sa vue rougit de surprise et peut-être de plaisir.

— Vous ici, mademoiselle! dit Jules.

— Oui, je viens avec mon frère d'accompagner notre tante qui s'en retourne à Seisses, la voiture nous a conduits jusque à la grille, et maintenant nous revenons à notre bienheureuse place des Pénitens noirs.

— Ce ne sera pas toute seule, répliqua Jules, charmé de cette rencontre, qui le distrayait de ses pénibles réflexions ; car je tiendrai à honneur et joie de vous offrir mon bras.

— Grand merci, M. Renal, dit la jeune fille en rougissant davantage ; mais je n'oserais profiter de votre politesse.

— Dites de mon ardent désir de me trouver avec vous.

— Soit, comme vous voudrez; mais cela ne

se peut, j'en suis fâchée ; car vous êtes le frère de ma meilleure amie.

— Pourquoi donc, mademoiselle, me refusez-vous ?

— Je craindrais de vous faire de la peine en vous l'avouant avec toute franchise.

— Non, non, rien de ce qui sort de cette belle bouche et dit avec bonté, ne peut causer du chagrin.

— Eh bien, puisque vous me promettez de ne pas vous fâcher, et surtout de ne jamais m'en vouloir ; car ce que je répéterai, n'est pas ce que je pense ; ma mère prétend que vous voyez en jeunes gens de la ville ceux qui ont la plus mauvaise réputation, et que vous n'êtes en connaissance réglée qu'avec des femmes.....
— Oh ! M. Jules, si c'est vrai, que vous avez tort !

L'inflexion profondément sentie avec laquelle ceci fut dit, agita le cœur du jeune homme ; il sentit, lui aussi, une chaleur qui montait à ses joues, son front se colora de mécontentement ou de honte, peut-être des deux sentimens ensemble.

— Votre mère, mademoiselle, Cécile me traite avec une étrange rigueur, croyez que je mérite votre estime... Alors il s'arrêta; car le souvenir de ce qu'il avait promis dans la matinée, et du pacte qu'il allait consentir le soir, arrêtèrent ces derniers mots; il hésita, balbutia à la place quelques phrases de dépit, et saluant précipitamment la jolie fille, il descendit un des escaliers du quai, et se perdit dans les détours d'une rue voisine; Cécile demeura un peu de temps à la même place, puis, soupirant, elle dit à son frère : Allons, Justin, il se fait tard, continuons notre route.

IX

L'épicier.

> Il y a des types particuliers que la nature et la société consacrent.
> *Restif de la Bretonne.*

Louis Marnaud, après sa première entrevue avec son ex-tuteur, se demanda plusieurs fois à lui-même quels droits celui-là pouvait avoir sur son existence. Pourquoi, depuis ses premières années, ce personnage mystérieux l'avait-il conduit dans la vie avec un mélange frappant d'affection et d'indifférence? pourquoi, tout en le protégeant, s'était-il refusé à le voir, à l'appeler auprès de lui? pourquoi, maintenant, avait-il changé de conduite et venait-il à Toulouse, où aucune affaire ne semblait l'appeler?

Ce n'était pas la première fois que la solution de questions, à peu près pareilles, avait occupé Louis; mais maintenant elles lui devenaient plus importantes, car elles touchaient au bonheur de sa vie future; ce qu'il comprenait le mieux, était d'abord, que son projet de mariage contrariait M. de Gervel, et ensuite que ce dernier avait pour lui être attaché des motifs puisés dans la nature.

— Certainement, se disait Louis, je suis son parent malheureux, son cousin, son neveu, son...

Il s'arrêtait et rougissait, dès que la pensée lui venait que son tuteur pouvait avoir sur lui des droits imposés par les plus étroits liens du sang. Cependant, poursuivait le jeune homme, ma naissance est légitime, je possède l'acte qui en fait foi, mais qu'est-ce qu'une feuille de papier chargée à volonté de tout ce qu'il plaît à l'homme d'y transcrire? Quelle est la loi que l'on n'élude point? on peut les transgresser toutes avec de l'adresse, de la puissance et de la fortune.

Louis, cependant, ne crut pas devoir refuser une sorte d'obéissance à M. de Gervel qui, d'ailleurs, lui plaisait par ses manières de bonne compagnie, par son air digne et gracieux à la fois. Il se hâta d'aller chez lui, y revint souvent et toujours ; en sortait plus satisfait. M. de Gervel était de ces hommes accoutumés à toutes les positions de la vie ; qui savent commander un respect involontaire à ceux qui les entourent, et que l'on veut placer toujours malgré eux à un rang supérieur à celui qu'ils paraissent avoir dans le monde. La familiarité des plus grossiers compagnons disparaît devant eux ; ils occupent tout un salon de leur seule présence ; chacun se range à leur passage et sait qu'on leur doit beaucoup sans que jamais ils demandent rien : c'est par une aisance noble, une hauteur tempérée de politesse excessive, une froideur sans bouffissure, un calme de poids qui en impose toujours, des paroles brèves et bienveillantes, des gestes calculés et point guindés, une facilité extrême, une sorte de laisser-aller, un abandon apparent de toute prétention, qui n'est pas de la bassesse; mais bien au contraire la conviction positive qu'on est tellement au-dessus des autres qu'on peut leur accorder tout sans rien perdre de ce qu'on est. Ces hommes dominent les maisons qu'ils fréquentent.

Il y a dans la masse de la société un tact exquis à les reconnaître, à les apercevoir là où ils s'effacent le mieux; dans une voiture publique, à une table d'hôte, en un lieu quelconque de réunion, on est certain que les êtres privilégiés de la nature seront signalés et appréciés. M. de Gervel était dans ce nombre; il ne cherchait pas à emporter de vive force les égards; il ne les demandait même pas, et pourtant, on les lui accordait à la première vue; on ambitionnait de lui plaire et même d'être remarqué parmi ceux qui l'environnaient; il parlait toujours avec une mesure calculée, sans efforts; ne disait rien de déplaisant ; mais un regard furtif, un mouvement de sa bouche suffisait pour manifester son mécontentement et pour décontenancer celui qui en était l'objet.

Par exemple, le bon M. Lubert ne pouvait respirer à son aise en face de M. de Gervel; il avait cru devoir lui dédier un dîner dès son arrivée à Toulouse, et ce ne fut pas pour lui une mince occupation ; c'était, comme je l'ai dit, un honnête épicier, bien établi, ayant pignon sur rue, mari d'une femme de haut caractère qui dominait le ménage, et père de plusieurs filles jolies ou passables, qui avaient des prétentions à cause de la fortune de leurs parens; toutes portaient un vif intérêt à l'avocat Louis Marnaud, et ce ne fut point sans un dépit mêlé de colère, qu'on apprit dans cette maison, que poussé par son mauvais goût, il préférait la petite Lucie Renal à des demoiselles bien autrement établies dans l'opinion des Toulousains ; depuis lors on ne le recevait plus qu'avec une mauvaise façon mal déguisée sous une raideur sans dignité, et on avait déclaré que ce serait une vraie folie que d'entreprendre de lui ouvrir les yeux.

M. Lubert, je ne sais pourquoi, était devenu le correspondant du parisien de Gervel; ils s'écrivaient de temps à autre. Les lettres de celui-ci étaient brèves, polies ; celles de celui-là, au contraire, péchaient par leur longueur et leur diffusion. M. Lubert avait toujours tant d'envie de les abréger qu'il les prolongeait au-delà des bornes, imitant la plume à la main la conduite des gens timides, qui, entrés dans un salon, ne savent plus en sortir, quoique le temps leur pèse et que chaque minute soit pour eux une heure entière.

Qu'on juge donc de son embarras, lorsque, le parisien venu à Toulouse, il se remplit de la pensée qu'il était dans les règles de la bienséance de lui donner à dîner, au moins une fois. Madame Lubert consultée en première, se déclara pour l'invitation, charmée qu'elle était de montrer au voyageur que le bon ton ne se renfermait pas dans la seule enceinte de la capitale, et que Toulouse en possédait sa part ; elle désirait lui faire voir sous un jour avantageux, *mesdemoiselles ses filles*, afin qu'il pût apprécier quel mariage son pupille aurait fait, s'il ne s'était pas amouraché de la petite étrangère Renal.

Les jeunes Lubert, elles aussi, lorsqu'à leur tour on les eut admises dans le conseil de famille, triomphèrent à l'idée de ce repas, et depuis qu'on leur en eut parlé n'eurent de repos que lorsque leur père, dans son beau costume des dimanches, se fut rendu chez M. de Gervel; celui-ci écrivait au moment où l'épicier entra, il se retourna à demi, et avec un sourire grave :

— Bonjour, mon cher M. Lubert, dit-il, prenez un siège, je suis à vous, j'achève ma lettre, vous me permettrez de la continuer.

Et tandis que le survenant se confondait en protestations, il se remit à sa besogne, sans trop s'occuper de qui était là. L'épicier de plus en plus embarrassé, car le silence ne le troublait pas moins que la conversation, chercha une sorte de courage, en essayant de prendre clandestinement une prise de tabac; en conséquence, il tira d'une manière adroite sa tabatière, formée d'un coquillage et à charnières d'or, du gousset où elle reposait, l'entrouvrit à l'abri de son chapeau, placé en abat-jour sur ses genoux, et enfonça l'index et le pouce de la main droite avec le plus de discrétion possible; mais au moment où la prise s'avançait de son nez avec une lenteur calculée, M. de Gervel voulant faire tomber la poussière qu'il avait répandue sur sa lettre, frappa un ou deux coups, qui effrayèrent à tel point l'honnête marchand, qu'il laissa tomber avec épouvante son tabac, et que sa tabatière, non encore refermée, vacilla de manière à se vider à moitié du macoubac de convention qu'elle renfermait.

Cet incident malheureux contrista M. Lubert. Un regard mélancolique annonça l'importance qu'il y attachait, surtout dans la pensée que son air malencontreux donnerait une preuve de son peu de savoir-vivre. En général, dans les classes inférieures, on attache trop de prix à ce que la bonne compagnie traite légèrement et dont elle rit; car c'est tout ce qu'il faut en faire. M. de Gervel s'apercevant de l'embarras de son honnête correspondant, vint à son secours, et après avoir réprimé une légère envie de rire, déclara que ces accidens n'arrivaient que trop fréquemment, et que, vu leur multiplicité, il convenait de se les partager avec générosité et réciproquement. Cette assertion mit l'épicier à son aise. C'était un de ces hommes de la vieille roche, que les cajoleries du Constitutionnel n'ont point gâté; qui, pour mériter en entier les éloges de cette feuille périodique, ne s'était fait ni impie, ni libéral. Je parle de l'époque où se sont ouvertes les scènes que je décris. On sait qu'aujourd'hui le vénérable journal, instruit par l'expérience, tient un langage différent: il revient à la religion, à la royauté, parce qu'en effet, ce sont les seules colonnes que la perversité humaine ne renversera pas.

M. Lubert, enfin, soutenu par l'obligeance gracieuse de M. le Parisien, auquel il soupçonnait un rang d'autant plus élevé, qu'il paraissait mettre du prix à le dissimuler, vint à bout de remplir le but principal de sa visite, qui était, ai-je dit, d'engager à dîner M. de Gervel et monsieur l'avocat Louis Marnaud, à son vide-bouteille, décoré du titre de jardin de plaisance, hors la barrière du faubourg Saint-Cyprien. La partie se présentait avec peu d'agrément à M. de Gervel; mais reconnaissant des services rendus, il accepta pour lui et pour celui qu'il appelait son pupille. Ce fut une grande joie à laquelle le négociant fit fête. Il y avait en son cœur une secrète pensée touchant la possibilité d'une alliance entre Marguerite. Hippolyte, sa fille aînée, et le jeune Louis, qui lui faisait rechercher les occasions propres à mettre en présence *ces deux êtres charmans*. J'emploie les expressions consacrées par la fréquence de l'usage.

Il fut convenu que le dimanche suivant le dîner aurait lieu. L'épicier promit une société peu nombreuse mais choisie, des personnes respectables. Il allait les faire passer en revue devant le Parisien; mais celui-ci, l'interrompant sans avoir l'air d'y songer, s'informa avec une attention minutieuse de la santé de madame

Lubert, de ses quatre filles, je crois même qu'il n'oublia pas le chien de la maison. Le mari et père, heureux d'un tel sujet de conversation, reprit son assurance, et ne songeait pas à se retirer, lorsque l'on annonça M. le premier président de la cour royale de cette ville.

Tandis que M. de Gervel se levait pour aller recevoir cette nouvelle visite, M. Lubert se sauva en se reculant par derrière un groupe de chaises; il en renversa plusieurs, faillit à tomber au milieu de ce désastre, mais comme son étoile le favorisa, il s'en revint enchanté vers sa femme à laquelle il donna l'assurance que tout s'était très bien passé. Il eut à répéter, et ce qu'il avait dit, et les répliques du Parisien. L'interrogatoire fut long, d'autant que chaque fille y apportant son contingent de questions le prolongea outre mesure. On tint ensuite un conseil sur le repas lui-même, son ordonnance, sur les convives, leur nombre, leur personne. Il fut décidé que douze *messieurs et dames* s'asseyeraient, à jour précité, à la table de la famille Lubert, qui déjà formerait, à elle seule, la moitié de la digne assemblée. M. de Gervel et l'avocat Marnaud venaient ensuite, et jusqu'ici la liste fut dressée sans difficulté ; mais lorsque dans la masse des parens et amis, il fallut se borner à n'en désigner que quatre, oui quatre, strictement, alors on se mit en une torture sans pareille, et on contempla d'un œil épouvanté la quantité des mécontens, et peut-être d'ennemis irréconciliables que l'on se ferait indubitablement.

L'examen, en conséquence, fut pénible et sévère ; la ville entière, presque, passa sous l'inspection du couple et des quatre rejetons. Les qualités, les défauts, les avantages, les inconvéniens ; tout fut pesé, calculé, mis dans une balance impartiale, et de ce creuset moral sortirent les quatre noms suivans.

D'abord, M. M.... respectable curé d'une paroisse de la ville, directeur de la conscience de la famille Lubert; homme de théologie et de prudence, homme d'évangile et de concession, aimant le bien pour lui-même, dédaignant le luxe, et n'en ayant que dans le bien-être des pauvres, père des misérables, et conducteur de ceux qui n'avaient pas besoin de ses secours, aimé de ses ouailles, estimé des autres, et ralliant à la religion ceux que frappait la sublimité de ses exemples.

Après lui, on choisit un avocat demi-bel-esprit, demi-raisonnable, sorte de bouffon sérieux, qui faisait rire sans jamais perdre de son sang-froid; on le croyait un puits de science, parce qu'à table il mangeait énormément sans cesser de parler, ayant réponse à tout, et au besoin, citant le code en même temps qu'il entonnait un couplet gaillard; menteur peut-être, mais il l'était par gaîté, et pour faire rire. M. Denisart s'était fait une réputation qu'il soutenait en gagnant au Palais quelques causes, et en étant l'âme des réunions bourgeoises, où l'on tirait de l'orgueil de sa présence et de son intimité.

Le troisième convive était une femme de qualité, que les excès d'une jeunesse aventureuse avaient fait tomber un peu bas. A l'âge importun de la maturité, elle s'était relevée à l'aide d'une dévotion apparente, pas assez toutefois pour rentrer complètement parmi ses égales, mais de manière à tenir le premier rang dans la haute bourgeoisie, dont la vanité se dédommage de sa séparation avec la noblesse, en se frottant aux personnes nobles, que la nécessité ou un but mystérieux placent dans une position équivoque; celle-là s'appelait madame de Valgagnac, qui, je ne sais trop comment, avait tenu sur les fonds de baptême la fille aînée des Lubert, qui en avait pris son nom sonore tout grec d'Hippolyte, aussi ne parlait-on que par elle dans cette maison où elle régnait en souveraine. Quand madame Lubert sommeillait, et ce qui avait lieu souvent, jamais on ne la questionnait : en agir ainsi, indiquerait, disait-elle, l'absence des manières des gens comme il faut, et à Toulouse on tient tant à ne pas être réuni dans cette classe nombreuse des gens comme il ne faut pas!

Le dernier numéro sorti de l'urne et même à l'allégresse universelle de la famille, le nom de M. Desproras, honnête campagnard, laboureur vénérable, qui au moyen d'un corps de logis tombant en ruine, de deux colombiers dont la prudence le flanquait d'une mare creusée à propos aux deux côtés de la porte principale, et d'un vieux reste de poutre enchassée dans la muraille, d'où pendaient quelques anneaux d'une chaîne rouillée, se maintenait dans la douce illusion de l'antiquité de race. Tous ses parens, lui compris, avaient porté la robe, ou huissiers, ou procureurs, ou notaires. Le plus hupé fut pendant huit jours suppléant à l'une des sénéchaussées de la province, et cela par l'erreur d'un commis; n'importe, le brave M. Desproras l'habilla d'une cuirasse de lieutenant-général des armées du roi, et distribua, à l'aide d'un barbouilleur de ses amis à ses autres père, grand-père, bis-aïeuls, oncles, cousins et neveux, des grades militaires, des croix de Saint-Louis, dont, de son autorité privée, il recula l'institution, jusques au roi qui, dans le treizième siècle, porta dans le ciel ce titre qu'il avait tant illustré sur la terre.

Le bon Desproras, ennobli de sa faconde,

n'en était pas moins un excellent convive, un parfait voisin de campagne toujours joyeux, accordant à tous cette noblesse dont il se gratifiait libéralement ; il ne troublait aucune vanité pourvu qu'on le laissât jouir librement des hochets qu'il s'était créés pour sa propre satisfaction. Les Lubert, peu habiles en science heraldique, croyaient au pied de la lettre les contes bleus dont il les régalait sur ce point, et lorsqu'un malin auditeur, par exemple, l'avocat Denisart, élevait des doutes sur l'ancienneté de l'illustre maison de Desproras, on croyait lui fermer victorieusement la bouche en lui disant :

— Mais il a chez lui en pourtraiture bien cuirassée, M. son père, madame sa mère et les autres. Ces *pourtraits*, ainsi qu'on les désignait chez les Lubert, étaient des chartes irrécusables selon eux.

—Louis, dit le même jour M. de Gervel à son pupille qui entrait après la sortie du haut magistrat, j'ai à vous annoncer un nouveau genre de vie ; jusqu'à ce moment vous avez gardé ce que j'appelle un incognito raisonnable; vous avez à faire votre stage, à étudier les flambeaux de la jurisprudence, à vous pénétrer de leurs maximes importantes, et par conséquent la retraite vous convient. Vous êtes parvenu, à l'aide d'un travail opiniâtre, à vaincre de grandes difficultés. Les distractions vous sont nécessaires; Toulouse vous les offrira en foule ; en ma qualité d'inconnu, je ne pouvais ici rien par moi-même, et surtout vous faire franchir la dure barrière que l'on oppose aux nouveaux venus. Je me suis étayé de M. H........., chef de la cour royale : il me connaît un peu ; il consent à me remplacer, et, sous ses auspices, vous entrerez de plein vol dans les sociétés privilégiées. Ne m'en aurez-vous pas un peu d'obligation ?

— Ce n'est pas d'aujourd'hui seulement, repartit le jeune homme, que je vous devrais de la reconnaissance : elle doit remonter à des époques bien antérieures.

— Fort bien, cher enfant,..... pardonnez-moi ce terme familier; mais il est certain qu'on ne peut vous fréquenter sans ressentir pour vous une tendresse paternelle.

— Elle me flatte et m'honore.

— Soit, et pourtant honorez-moi d'une réponse plus directe : l'introduction dont je vous parle, vous convient-elle, oui ou non ?

— Hélas ! monsieur, que vous dirai-je ? ma vie s'est écoulée au collége, au camp ou dans la solitude ; j'ai là peu appris à aimer le monde, et s'il faut l'avouer, poursuivit Louis en rougissant avec naïveté, j'ai peur de ces cercles brillans où je me trouverai mal à mon aise.

— Au début, j'en conviens, les effrontés éprouvent de l'embarras quand ils paraissent pour la première fois là où se rassemblent les sommités sociales; mais lorsque ce qui les épouvante a été vu de près, on calcule ses propres forces et on se met en mesure de prendre sa place au milieu de ce tourbillon. Mon ami, pour se maintenir dans un éloignement complet, il faut, ou une supériorité de génie remarquable, ou une apathie désespérante. On est mal vu de ses égaux ; les inférieurs soupçonnent dans votre éloignement un motif peu honorable, et toujours le moment arrive où on sent le besoin impérieux de ce monde que l'on a rejeté.

— Cela peut être.

— Cela est, dites, et vous parlerez mieux. Allons, ne me refusez pas une épreuve: qui veut obtenir beaucoup doit bien accorder quelque chose.

Le sous-entendu de cette phrase frappa au cœur le sensible Louis Marnaud, il rougit, hésita, balbutia des paroles inintelligibles que son tuteur feignit de prendre pour un consentement, et alors il ajouta :

— Jeudi prochain nous dînerons chez monsieur le premier président, c'est un homme aimable qui me veut du bien et qui à ce titre vous sera très agréable, il consent à vous conduire dans les meilleures maisons de la ville, et sous ses auspices vous serez bien reçu. Vendredi, nous sommes invités à partager un repas maigre chez l'archevêque, et nous aurons pour clôturer les dissipations de la semaine une fête champêtre chez les estimables Lubert.

—Oh pour celle-là, répondit Louis en souriant, elle ne nous sera pas embarrassante.

— Ne pourrait-elle vous être dangereuse? il y a là, dit-on, quatre beautés....

— Ce sont de fort dignes demoiselles simplement élevées, elles ont du sens et des vertus. L'aînée est presque jolie, elle a quarante mille francs, et ce sera un bon parti.

— A la manière dégagée dont vous parlez d'elle, je vois, répliqua M. de Gervel, que votre cœur est tranquille de ce côté... Ah! j'oubliais qu'il est pris.

— Et pour toujours, monsieur, dit Louis fermement et avec calme.

— Soit, à votre aise, faites une faute; mais maintenant, nous nous sommes promis une trêve, profitons-en et ne traitons pas cette question capitale.

Ici, M. de Gervel fut interrompu par les domestiques qui apportèrent une table dressée, le dîner y fut placé. On venait de desservir le potage, lorsque le même interlocuteur ayant examiné Louis dans toutes les parties de ses vêtemens :

— Savez-vous, lui dit-il, que vous avez fait une toilette complète, vous voilà sous les armes, n'auriez-vous d'autre but que d'en faire honneur à un pauvre vieillard?

— Mon unique dessein est de vous consacrer ma soirée.

Oh bien, dans ce cas, je ne laisserai pas tant de somptuosité en pure perte, et quoique mon ami, M. H....se soit chargé de vous, il me prend fantaisie de vous conduire tantôt chez une dame, que vous serez charmé de connaître, parce qu'à beaucoup d'esprit, elle jouit de rares qualités... Ne vous défendez pas, je m'empare de votre personne... En vérité, à la moue que vous faites, on croirait que je veux vous précipiter parmi la canaille et en une tabagie de mauvais sujets.

Louis, qui possédait ce mérite supérieur qui porte à céder tout ce qu'on peut, de ce qui ne blesse ni le cœur ni les convenances, comprit que résister à la fantaisie du tuteur serait montrer une opiniâtreté mal séante, il se contenta de s'incliner et de demander où on allait l'introduire.

— Chez madame la marquise de.... lui fut-il répondu, chez une femme, qui pour perpétuer son règne, a su avec autant d'adresse que de prudence passer de l'empire de la beauté à celui de l'esprit, qui plutôt, unissant l'un et l'autre, les a confondus de manière à ce que l'on ne peut fixer où l'un finit et où l'autre commence; elle voit bien, pense juste, a autant de générosité que de retenue; elle a toujours été sage, parce qu'il lui fallait le respect de tous pour son propre contentement, et aujourd'hui que son empire est fondé sur des bases indestructibles, elle jouit du fruit de sa réserve et des sacrifices sans nombre qu'elle a faits aux convenances auxquelles on ne manque pas en vain; sa parole est un oracle que l'on consulte, elle fait et défait les réputations; affable non sans une teinte de suzeraineté, aux manières pieuses, sans forfanterie, elle donne le ton à la ville, et si elle vous adopte, d'autres suffrages ne seront pas nécessaires pour corroborer l'importance du lieu.

—C'est du moins ce que pense l'opinion publique, répondit Marnaud; mais, monsieur, il ne va chez elle que des gens de qualité; je ne suis qu'un plébéïen, et bien que cette croix soit à mes yeux un titre sacré de noblesse, j'ai peur de la superbe de ceux qui me verront entrer malgré eux dans le *sanctum sanctorum* de l'aristocratie.

—Mon cher ami, repartit le tuteur visiblement contrarié, soit qu'il fût empêché de dire ce qu'il savait mieux que personne, soit que la justesse de l'observation désignât un *dada* favori, comme aurait dit Sterne; un seul suffrage vous importe, celui de la marquise, elle vous l'accorde, je vous en réponds par avance, moquez-vous du reste et vous ferez bien.

Un assez long silence suivit ce colloque, M. de Gervel l'employa à réfléchir et à terminer son dîner; il se fit habiller peu après, et lorsque sa toilette eut été achevée :

— Nous irons de bonne heure chez la marquise de.... elle sera seule ou presque seule; car en se conformant à sa fantaisie, on vient tard, très tard, après le spectacle; faire de la nuit le jour est son caprice, ainsi vous ne rencontrerez pas d'abord les redoutables, qui, mon Dieu, s'ils vous étaient connus, la plupart vous prêteraient à rire et vous en conviendriez avec moi.

La voiture de M. de Gervel eut bientôt franchi l'espace qui sépare la place Saint-Étienne de la rue des Chapeliers; elle tourna rapidement dans la vaste cour de l'hôtel à l'encontre du petit jardin qu'elle renferme, et le tuteur et le pupille montèrent le grand escalier; ils arrivèrent auprès de madame la marquise de.... et en effet, selon le pronostic du premier, il n'y avait en ce moment avec elle que le respectable et spirituel marquis d'A.... homme de grand monde et homme de lettres remarquable, dont la vieillesse rappelle celle d'Anacréon. Le jeune avocat fut reçu avec cette bienveillance commune à la bonne compagnie, et dont elle ne se départ pas envers les novices.

X

Une Intrigante.

> Quand une femme est hors d'âge d'être aimée, elle devient dévote ou intrigante, parfois elle cumule les deux états.
>
> *Recueil de Maximes.*

La conversation ne pouvait languir; là, se trouvait en première ligne, Madame de *** et le marquis d'A***. Cependant elle commençait à tomber, ce qui arrive, lorsque de nouveaux venus, étrangers aux détails d'une vie intime, se jettent au milieu de celle-ci, lorsque l'on annonça madame de Valgagnac et mademoiselle Hélène de Nerville.

— La tante et la nièce, dit le marquis à mi-voix, l'une refaisant de l'autre.

—Attaquerez-vous le prochain et le prochain de mon sexe, mainteneur de dame Clémence Isaure? repartit la marquise en riant*.

Elle ne put poursuivre, car les deux dames qui, dans le salon précédent, laissent leur schal, survinrent, et on dut les complimenter. Madame de Valgagnac que j'ai signalée au chapitre précédent, était de petite taille, forte, lourde, massive en apparence et en réalité, active, spirituelle, fine mouche, et voyant clair là où autre n'apercevait que des ténèbres profondes. Elle avait pu être jolie, il ne lui en restait que le souvenir et le regret. Sa fortune, à l'entendre, aurait été dévorée par l'appétit insatiable de la révolution; mais l'excellent marquis D.... par exemple, prétendait que la

---

* Les Jeux-Floraux ayant succédé au collége de la Gaie Science connu dès 1322, furent restaurés par dame Clémence Isaure vers la fin du quinzième siècle. Louis XIV les institua en académie en 1695. Les quarante membres qui la composent prennent le titre de Mainteneurs.

(*Note de l'Auteur.*)

dame, elle-même, l'avait dépêchée à soutenir au service des cadets de bonne maison, embarrassés d'avoir à faire leur équipage.

Quoi qu'il en soit, l'inépuisable magnificence de la famille royale fournissait une pension suffisante à madame de Valgagnac, ce qui, joint à son douaire et à un ou deux minces héritages, lui permettait de vivre à Toulouse sur un pied honorable, mais non lui faciliter les moyens de doter convenablement la fille unique de sa sœur décédée il y avait longues années, sœur mal connue, même dans la famille dont on ne parlait jamais, et qui avait laissé une fille, miracle de grâces et prodige de beauté. Mademoiselle de Nerville élevée par une tante si bien usagée, avait un souverain mépris de la pauvreté et en même temps le désir extrême de changer la position équivoque contre celle de femme mariée.

C'était là le grand point, il lui fallait un époux noble et riche, deux qualités absolues. Noble, parce qu'on prétendait garder la position actuelle ; riche, à cause, ai-je dit, du mépris de la pauvreté; or, comme mademoiselle de Nerville, si bien dotée des avantages de la nature, manquait positivement des seconds, elle grandissait, avançait en âge et ne changeait pas de nom; c'était désespérant; sa tête, en chasseresse habile, se tenait à l'affût de tout gentilhomme descendu des départemens limitrophes; sitôt qu'un se présentait, les filets étaient tendus, on le poussait au piége, l'appât avait tant de charmes! Eh bien, malgré tant d'adresse, et avec une nièce si belle, on demeurait dans ce fatal *statu quo,* pénible au cœur, et humiliant à l'amour-propre.

Les deux dames annoncées, furent donc accueillies avec transport; la marquise les embrassa; on s'ébahit réciproquement sur la bonne mine, la fraîcheur du teint, la perfection de la santé; et ce texte épuisé on passa à d'autres. Par l'effet de la position des bougies et du concours d'un grand écran qui défendait de la lumière les yeux fatigués de la maîtresse de la maison, les traits du tuteur de Louis Marnaud restaient ensevelis dans une obscurité, pénible à la curiosité d'une femme qui, toujours en bataille, cherchait à bien connaître ses ennemis.

Ce ne fut donc que plus tard, et à la suite d'un changement de position respective, que la physionomie de M. de Gervel se trouvant éclairée, madame de Valgagnac s'imaginant la reconnaître, poussa un demi-cri, et se levant avec précipitation :

— Ah ! monsieur le duc de Merange, comment se fait-il que je ne vous aie pas reconnu tout d'abord ?

A ce nom si particulier, si peu en rapport avec celui si modeste de M. de Gervel, le marquis d'A... manifesta sa surprise. La marquise de... lança un regard qui pouvait être aussi bien d'impatience que d'étonnement, et le jeune avocat, tout hors de lui, envisagea son tuteur avec une attention extrême ; mais lui, calme, et sans que rien le troublât dans tout ce qui se passait à l'entour, saluant froidement madame de Valgagnac, lui dit qu'elle se trompait et qu'il n'était pas le duc de Merange.

— Vous n'êtes pas le duc de Merange! répéta la dame confondue, quoi, mes yeux se seraient laissé aller à cette illusion, et mes oreilles encore?

— Il faut bien que cela soit ainsi, madame, dit de nouveau M. de Gervel sans s'animer davantage; madame la marquise de... dont j'ai l'honneur d'être particulièrement connu sous le nom de Gervel que je porte, vous affirmera de tout le poids de son caractère ce qui, dans ma bouche, vous paraît incertain.

— Mais où donc avez-vous pris cette fantaisie, dit la marquise à la vieille intrigante, pourquoi vouloir que ce bon Gervel soit ce duc qui, je crois, n'est pas rentré en France depuis 1800?

— C'est une ressemblance inconcevable, dit madame de Valgagnac, oui, bien singulière.... mais monsieur le duc... pardon M. de Gervel car c'est ainsi qu'on vous appelle maintenant, mais en vérité...

— *Maintenant*, madame, répéta à son tour le tuteur d'un ton haut et avec une expression de mécontentement.

— Y reviendrez-vous encore, dit la marquise?

— Je vous prie tous de m'excuser, répondit madame de Valgagnac, il y a bien vingt ans, il est vrai, que je n'ai vu le duc de Merange, mais avant cette époque nous nous rencontrions en telle intimité, que j'ai dû conserver de lui..... Allons, je reviens de ma croyance, en effet, Monsieur est plus grand que le duc, le duc était blond, monsieur est brun.

— Je vous demande pardon à mon tour, dit la marquise, mais dussai-je vous fournir des armes contre nous, le duc était brun.

— Blond ou brun, soit, répliqua la dame; puisque ce n'est pas lui qui est là le reste importe peu; je serai charmée à la faveur de la ressemblance et d'une ancienne liaison avec M. de Merange, que M. de Gervel m'honore d'une visite, je serai charmée de cultiver sa connaissance tant qu'il habitera Toulouse.

—Ce sera pour moi un bien précieux, fut-il reparti avec l'accent d'une politesse cérémonieuse.

— Monsieur est sûrement votre fils, la ressemblance est si étonnante!

— Eh bien, encore madame se trompe dans sa conjecture; M. le chevalier Louis Marnaud a été mon pupille.... ce sont là... mes uniques rapports avec lui.

Madame de Valgagnac possédait trop l'esprit du monde pour continuer de manifester tout ce qui s'élevait en elle de doutes sur un pareil sujet; elle laissa dire l'interlocuteur tant qu'il voulut, et fut la première par une question nouvelle à faire prendre un nouveau sujet à la causerie; mais celle-ci avait reçu un trop rude échec pour qu'elle ne devînt pas froide et décousue. M. de Gervel y coupa court en se levant, son pupille suivit son exemple, et comme ils rentraient dans la voiture qui allait les ramener à leur logement respectif:

— Que vous semble, Louis, de cette vieille folle qui si libéralement m'a fait don d'un duché?

— Est-ce bien elle qui se trompe?

— Quoi, vous aussi vous vous accrocheriez à sa chimère? je voudrais être duc, car enfin c'est avoir un beau rang dans la société; si je l'étais je ferais de vous un procureur-général. Laissons ces folies ; demain chez le premier président, vendredi chez l'archevêque, et dimanche pour couronner l'œuvre, nous terminerons par là notre engagement avec les Lubert.

M. de Gervel quitta son pupille. Celui-ci, pendant tout le reste de la soirée, et avant que le sommeil appesantît ses yeux, rêva au singulier incident causé par l'erreur de la dame Toulousaine. Se trompait-elle, en effet? M. de Gervel serait-il réellement le duc de Merange, ou bien porterait-il le nom positif et modeste de ses pères? Il y avait dans la noblesse imposante de ses moindres mouvemens, dans les inflexions de sa voix beaucoup plus de l'homme du grand monde que du hobereau à simple couture. Cependant, si cela était, pourquoi le déguiserait-il ainsi? dans quel but et par quelle condescendance extraordinaire madame la marquise de..... se serait-elle prêtée à l'aider à jouer ainsi la comédie? Cette conduite mystérieuse ne se rapporterait-elle pas à lui, Louis Marnaud? Certainement il devait avoir des droits extraordinaires à l'affection de ce personnage singulier qui, pour le détourner d'un mariage qui ne lui était pas agréable, avait entrepris aussi rapidement un voyage de deux cents lieues.

Le champ des conjectures est vaste, et lorsque notre imagination l'ouvre, elle ne se lasse pas de le parcourir. Marnaud, ce même soir, le creusa dans tous les sens ; établit tour à tour en forme de réalités les chimères les moins raisonnables. Il se fit le fils, le petit-fils, le neveu, le cousin, le protégé de M. de Gervel ; mais comme pour compléter la plupart de ces rêveries, il fallait se concéder une naissance illégitime, il se lassa bientôt d'avoir conduit sa barque sur cette mer sans rivage, et, renonçant même à résoudre le problème non moins obscur, de fixer la position sociale de son tuteur, il se mit à rêver de Lucie ; et de ce côté ne fut pas non plus satisfait : néanmoins, rempli de son amour, il fit un appel à l'espérance. Il s'endormit un peu plus calme, après avoir mis en parallèle les genres divers de beauté de la jeune Renal et de la magnifique Hélène de Nerville. La première, douce, pure. naïve, charmante par sa simplicité ; la seconde attirant les regards et commandant les hommages par le concours de sa riche taille et de sa physionomie héroïque. C'étaient deux merveilles : qui les aurait réunies dans un seul cadre, aurait complété ce qu'on appelle ici-bas le bonheur.

Un billet de M. de Gervel rappela le lendemain à Louis qu'il ne fallait pas oublier la course chez le premier président. Il se conforma aux injonctions de son tuteur, et tous les deux s'en allèrent visiter ce premier magistrat. Il reçut les visiteurs avec une nuance de procédés qui n'échappa point aux observations du jeune homme. Il eut pour celui-ci de la bienveillance familière ; pour celui-là des égards calculés; et bien qu'il ne lui accordât pas beaucoup, il était facile de reconnaître que c'était parce que M. de Gervel n'exigeait pas plus. Il promit à Louis de le porter de concert avec le procureur-général sur la prochaine liste de présentation qui aurait lieu touchant les membres du parquet de la cour royale et des tribunaux inférieurs.

— J'ai hâte, lui dit-il en riant, de vous enlever à l'ordre des avocats. Vous n'avez rien qui soit commun avec eux : vous devez être une conquête pour la magistrature.

— Eh ! monsieur, repartit Louis, me manque-t-il de la science : j'y supplérai par un travail assidu ; quant aux ressources oratoires, je me flatte de les trouver en les demandant à mon cœur.

— Vous ne comprenez pas ma pensée, dit le premier président ; il y a dans vous absence totale de bonne opinion de soi-même ; vous vous écoutez parler, vous craignez de n'avoir pas assez d'expérience, vous êtes modeste, désintéressé ; vous auriez de la peine à soutenir dans le même sens la cause du blanc et du noir, votre ambition honorable ne se déguise pas sous une fausse philosophie ; de tout cela, je conclus qu'en restant où vous êtes, vous ne vous maintiendriez pas à votre place naturelle.

Cet éloge détourné qui faisait la critique d'un certain nombre de ses confrères, déplut à Marnaud qui se récria en prenant la défense du barreau de Toulouse.

— Je sais, lui fut-il reparti, qu'il renferme des exceptions très honorables, qu'il compte dans ses rangs cette austérité de principes, ces sévères jurisconsultes qu'on ne rencontrerait pas ailleurs ; mais, en général, cet ordre noble dégénère depuis que parmi ses membres, les uns font jouer des vaudevilles, et d'autres plus coupables, jouent à la bourse ; il en est qui ne rougissent pas de se livrer à des spéculations honteuses, qui prêtent leur talent à l'escroc riche, parce qu'il les admet au partage de ses voleries. L'antique austérité de l'ordre n'existe plus ; on y intrigue comme ailleurs. Il y a parmi eux des comédiens habiles qui trompent le public jusqu'au jour où, à l'aide de fausses vertus, ils se seront mis à la place du vrai mérite. Non, monsieur, l'homogénéité de savoir, de probité, de désintéressement n'existe plus dans l'ensemble du barreau français ; et par cela seul, que vous m'opposez des exceptions admirables, vous m'abandonnez donc la masse entière du corps.

Cette conversation mit fin à la satisfaction du jeune homme ; il voyait tout en beau ; il admettait la vertu dans chacun de ses collègues, et son inexpérience ne lui permettait pas de faire le triage entre le bon et le mauvais pain.

— Avez-vous écrit à Paris, demanda le haut magistrat, à M. de Gervel?

— J'espère, dit celui-ci, tarder peu à recevoir une réponse positive.

— On vous la doit conforme à vos désirs, car enfin vous avez fait assez pour Sa Majesté.

— Moi, monsieur, répliqua le tuteur visiblement contrarié de ce propos, ai-je des droits parce qu'en 1814 j'ai été un des premiers à me réunir sur la place Louis XV à messieurs de Fitz-James, de Châteaubriant et de Newkerque ; de tels dévouemens ont été communs, et mon obscurité doit plutôt me faire craindre qu'on ne me préfère de véritables grands seigneurs.

— Vous avez raison.

Le ton dont le premier président prononça cette phrase semblait signifier tout le contraire de ce qu'elle disait; aussi, Louis la releva dans son insuffisance. L'obscurité de ce colloque ne l'intéressant pas, il vit avec plaisir la société arriver, et on le présenta d'une façon particulière au procureur-général; celui-ci, homme de cabinet et d'étude, de désintéressement et d'amour de la royauté, ne sortait jamais de la ligne de ses devoirs; bon, simple, sans faste, il se faisait aimer de ceux qui le jalousaient, et il eût été accompli s'il eût possédé un degré de plus d'énergie dans son caractère et si depuis il eût su soutenir la disgrâce aussi bien qu'il avait mis de la modération dans sa prospérité.

Ce magistrat non plus ne fit faute de promettre à Louis Marnaud de l'avancement pour l'avenir, et lui, de même que le premier président, en lui tenant ce langage, cherchait à se faire entendre, moins du pupille que du tuteur. Ce manége, mais avec des nuances supérieures, se retrouva plus tard lorsque M. de Gervel conduisit Louis chez l'archevêque, non encore décoré du chapeau rouge; l'accueil qu'il reçut dans le palais aurait dû flatter son amour-propre, il n'en fut pas ainsi; indifférent à tout ce qui se rapportait à la vanité, presque toujours, tandis que son corps errait dans les salons du prélat, de la première présidence, du procureur-général, du préfet, des autorités militaires, son âme franchissant l'espace errait facilement autour de l'humble demeure qui renfermait Lucie Renal, il accordait à celle-ci tous les instans, en petit nombre, dont il pouvait disposer. Son tuteur habile le circonvenait avec une adresse dont sa simplicité avait de la peine à se démêler; il l'accablait de travaux de cabinet, de consultations payées ou gratuites, de visites impérieuses, de nouveaux devoirs qu'il lui créait sans que le jeune homme le soupçonnât de supercherie, et il l'enveloppait pourtant si bien, qu'à peine, et à de longs intervalles, il pouvait aller respirer librement sur la place des Pénitens blancs.

Une après-dinée, il se vit maître d'une couple d'heures, deux rendez-vous ayant manqué ; et il avait terminé avec une rapidité incontestable un brevet dont il était chargé. Son tuteur, d'ailleurs, soumis lui aussi aux exigences de la société; dînait ce jour-là chez la marquise de****. Louis, donc, courut en grande hâte vers cette maison qui renfermait l'objet de ses amours. La porte de la rue était ouverte ; il s'avança, et alors parvinrent jusques à lui les sons d'une guitare pincée par la main légère de Lucie. Il s'arrêta, et la jeune fille qui se croyait seule, chanta avec une expression remplie de goût et de simplicité la romance suivante, dont son amant avait composé les paroles et le célèbre Pierre d'Alvimare la musique : aussi était-elle mélodieuse et merveilleusement adaptée au sujet.

LA FEUILLE DE ROSE.

Feuille de rose aventurière
Que le vent chasse contre moi,
Est-elle heureuse ta carrière?
Partages-tu mon triste émoi!
Sens-tu les pleurs dont je t'arrose,
Suivons-nous les mêmes chemins?
Est-il des soucis pour la rose,
Comme il en est pour les humains?

Dans les airs, au loin transportée,
Par le zéphyre ou l'aquilon;
Sans relâche es-tu ballotée
Du rocher au creux du vallon?
D'un sort jaloux ainsi la rage
Nous pousse d'écueil en écueil,
Nos passions sont un orage
Qui ne prend sa fin qu'au cercueil.

Les larmes de l'aube naissante,
Colorent ton pur vermillon,
Et jeune vierge éblouissante,
Tu plais au léger papillon;
Mais le seul cours d'une journée
Ouvre et ferme un brillant chemin,
Et feuille vers le soir fanée,
Tu ne régneras pas demain.

Cet éclair qu'on nomme la vie,
Pour nous aussi luit et s'éteint;
Si notre éclat te fait envie,
Il est pareil à ton destin.
Plus ou moins la course est bornée,
Au terme il faut toujours venir,
Des ans pour nous sont ta journée,
L'homme et la fleur tout doit finir.

Mais tu ne meurs pas tout entière,
Belle feuille, présent des cieux,
De ton odorante poussière
Naît un parfum délicieux.

Parmi nous celui qui succombe,
Pour l'honneur s'il a combattu,
Par la gloire échappe à la tombe;
Notre parfum, c'est la vertu!

La jeune fille accompagnait ce chant exquis d'une inflexion si douce; elle pensait si bien ce qu'elle disait! Cette morale cachée sous un tableau gracieux convenait si bien à ce qui remplissait son âme, qu'aux derniers couplets sa voix, d'abord sonore et pleine, s'affaiblit insensiblement, et à la fin, ses paroles se trouvèrent noyées dans les larmes. Celles de Louis s'y mêlèrent: il était demeuré dans l'allée, ne sachant ce qu'il devait faire; lorsque Jules se présenta inopinément. Un coup-d'œil lui suffit pour deviner la disposition intérieure de Marnaud et ce que sa sœur devait souffrir de son côté. Mais haïssant désormais tout ce qui n'était pas tumulte, passions et jouissance de débauche, un long éclat de rire retira Marnaud de sa rêverie.

— Eh! pasteur Céladon, amant transi, cria Jules, pourquoi, au lieu d'une robe d'avocat n'as-tu pas le rochet et la panetière; tu ferais un véritable pèlerin d'amour..... ma chère, ma candide sœur redouble de talent; tu as un auditeur, il est vrai, que pour applaudissemens il n'a que des larmes : c'est par trop mélancolique. Oh! Louis, tu n'aimeras donc jamais la joie et les bons garçons.

Louis, sans lui répondre, s'en vint rejoindre Lucie.

—Vous écoutez aux portes, ce n'est pas bien.

—Il t'en fera bien d'autres, ajouta Jules, c'est un sournois : il venait t'épier; et que s'en serait-il suivi, s'il t'eût surprise à caqueter sagement avec un joli garçon?

— Etiez-vous là depuis long-temps, demanda la jeune fille, moi qui vous croyais si loin !

— J'arrivais : je n'ai pas voulu vous interrompre; vous donniez tant de valeur à ma faible chanson !

— Elle me plaît, Louis; elle donne une si parfaite leçon de la vertu!

— Voilà justement pourquoi elle m'ennuie, dit Jules grossièrement, à tel point, il avait renoncé à tout ce qui constitue la politesse, par sa fréquentation avec ceux que l'on appelait *les compagnons de la désœuvrance*: dénomination qui, créée à Carcassonne, s'était étendue vers Toulouse. Vive les chansons où l'on parle d'amour, poursuivit-il, où l'on fait rougir les grisettes : c'est là du bon, et non pas des *requiem in æternum*. Gabriel en sait de bonnes, de fameuses, par exemple :

> Lorsque Lisette ingambe,
> Lève sa jambe ;
> Quand dessous son corset
> On voit............

— Jules, dit Louis d'un ton sévère, ta sœur est là.

— Eh bien! qu'elle y reste, en vérité, je crois que tu veux me morigéner, faire le régent, le pédagogue. Ça ne te va pas : tu es un tartufe, un jésuite.

— Tu es un insensé, un malheureux qui cours à sa perte; es-tu du moins un homme de parole ?

— Qui m'accuse de manquer à l'honneur, repartit le jeune Toulousain, pâle de colère !

— Moi, dit Marnaud froidement ; moi envers qui tu t'es engagé, moi qui ai répondu pour toi. Ne te souvient-il plus de notre conversation dernière : je t'ai placé, tu ne t'appartiens plus ; et maintenant diras-tu quel est de nous deux celui qui peut reprocher à l'autre son manque de bonne foi ?

— Tu as de la mémoire, je l'avoue et moi de l'étourderie. Sais-tu, Louis, ce qu'il faut faire ? Je prendrai ta robe d'avocat, et toi le tablier de commis dans une boutique de chapellerie.

Et en parlant ainsi, Jules Renal s'élança hors de la maison paternelle, espérant échapper par la fuite aux reproches de sa conscience, comme il évitait les plaintes de son ami.

XI

Le Diner.

> C'est une manie à certaines gens que de vouloir réunir des contrastes qui hurlent rien qu'à se trouver ensemble.
>
> *Sagesse des Nations.*

Louis suivit d'un regard attristé ce malheureux qui courait volontairement à sa perte. Lucie lui demanda l'explication des paroles qu'ils avaient échangées. Il fallut que son amant lui révélât ce qui s'était passé entre lui et Jules, et comment ce dernier, s'étant montré en proie à des terreurs effrayantes, avait conjuré son futur beau-frère de venir à son secours en l'arrachant à Toulouse où il ne pouvait plus vivre sans achever de consommer sa perdition ; comment il avait employé les expressions les plus véhémentes pour le ranger de son côté, pour lui faire connaître ses périls, lorsque seul, sans expérience, sans guide, il marchait environné de pièges, d'abîmes où il pouvait se laisser prendre et trébucher.

— Et maintenant, poursuivit Louis, que j'ai fixé son sort, qu'un honnête marchand l'accepte pour commis-voyageur, que je lui ai facilité les moyens d'accomplir son envie, il s'arrête, se recule, me prend pour but de ses plaisanteries, et dans son délire croit se jouer de moi !

— Le malheureux, repartit tristement Lucie; c'est lui qu'il mystifie, lui qu'il rendra doublement infortuné. Il pourrait être si heureux : figure-toi que ma jolie voisine, mon amie de cœur, Cécile Melon, me parle de lui avec un intérêt qui me fait présumer qu'elle ne refuserait pas ses soins. Cécile aura de la fortune; elle est charmante. Que nous pourrions être tous heureux!!!...

— Oui, répliqua Louis, le bonheur est toujours à notre disposition, parce qu'il dépend de la tranquillité de notre âme; mais on le joue au premier point, on le repousse quand il se présente.... Jules nous donnera du chagrin à tous.

— C'est ce misérable Gabriel qui le perd, qui l'entraîne en agissant sur lui de toute la vigueur de son caractère. Jules n'en a pas; il se croit fort parce qu'il est faible. Et, si on pouvait le débarrasser de ce pervers compagnon, il reviendrait à toi, à nous : nous le retrouverions ce qu'il était il y a trois ans, lorsque commença entre vous une amitié qui ne devait finir qu'avec votre vie.

— Et j'espère, repartit Louis, qu'elle se perpétuera jusque là. Le mauvais démon qui nous sépare ne triomphera pas toujours. Laisse-moi prendre un peu de temps, et je l'attaquerai avec de telles armes....

— Oh! s'écria Lucie en pâlissant, ne va pas

le provoquer : il a tant de force et d'adresse !

— Que je me déshonore à croiser le fer de l'honneur avec son épée avilie, dit Louis dédaigneusement ; ne le crois pas, en vérité, ce serait par trop descendre. Ne conserve pas une crainte qui n'aurait pas dû naître dans ton cœur : Gabriel est trop vil et trop méprisable. Mais les lois ont un pouvoir dont il est justiciable et qui tôt ou tard doit tomber sur lui. Mon tuteur me fait espérer que je prendrai rang avant peu dans le parquet d'un tribunal du ressort de la cour royale ; et alors, ce Gabriel sera contraint de nous révéler ses moyens d'existence, de nous apprendre d'où il vient, d'où il sort. Je ne doute pas que sa vie aventureuse ne fournisse matière à le punir comme il le mérite.

— Ainsi, tu monteras, dit Lucie mélancoliquement, et moi, pauvre abandonnée, je resterai la fille obscure d'un marchand de dentelles et de bijoux.

— Tu seras toujours la plus parfaite des

femmes ; celle que mon amour ne cessera de chérir.

— On t'environnera de séductions : quelle mère ne sera pas fière de te donner sa fille ; tu pourras choisir parmi celles de la noblesse du haut commerce.

— Mon choix est fait, dit Marnaud avec impatience et en la pressant dans ses bras ; mon choix est irrévocable, et dans quelque position que tu te trouves, dans quelque rang où je puisse arriver, je te jure que seule tu seras ma femme et qu'aucun incident d'une vie orageuse ne pourra nous désunir.

Lucie, malgré les larmes qui baignaient ses beaux yeux, souriait, charmée d'ouïr de si douces paroles ; et Louis avec gaieté ajouta :

— Oui, toute infidélité m'est impossible, bien que toutefois demain je doive dîner avec la famille Lubert.

Lucie fit un geste de fausse jalousie. Son amant lui conta comment le digne épicier était venu inviter M. de Gervel et lui à ce repas mémorable, et dont certes on parlerait long-temps dans la boutique de l'épicier en détail et en demi-gros. Ce sujet épuisé promptement à cause de son insignifiance, on revint à Jules, on s'attrista de son inconduite, de ses hésitations; on l'aurait voulu autre qu'il n'était, et Lucie déclara qu'au retour de son père elle prendrait assez d'empire sur elle-même pour oser le supplier de fixer irrévocablement le sort de ce jeune homme...

Le dimanche suivant, dès le point du jour, le maître valet de M. Lubert, son jardinier, et les familles réunies des deux premiers ministres de ses volontés, firent à plusieurs reprises le voyage de Toulouse à la maison de campagne, au lieu de plaisance chéri, portant chaque fois des portions d'ustensiles ou des vivres qui composeraient le repas.

Qu'on se figure un corps de logis de trente pieds carrés, élevé d'un étage et surmonté d'un grenier; un corridor le divise en deux parties égales; à droite, et en haut, est le *salon de compagnie*, décoré d'un papier rose et jaune à quinze sous le rouleau, d'une douzaine de caricatures renfermées dans des cadres de bois noir, de deux rideaux de cotonnade rouge et jaune à l'unique fenêtre. Le chambranle de la cheminée est en noyer peint en acajou, il supporte une petite glace qui a peut-être une demi-aune de hauteur, et que surmonte un trumeau où, au prix de onze livres cinq sols, un peintre italien a représenté les amours de Télémaque et de Calypso; deux vases en verre bleu, deux tasses en porcelaine chargées des chiffres des époux Lubert, et qu'ils font admirer à quiconque les visite; une vierge de plâtre, un perroquet de terre cuite, deux citrouilles à forme bizarre accompagnent le miroir qu'on a oublié de dégager de la gaze conservatrice qui le voile chaque jour de l'année; deux fauteuils de cannes, un sopha pareil, recouvert de la même étoffe que les rideaux, complètent l'ameublement de la *belle chambre,* comme la désigne madame Lubert à l'admiration de ses convives. Il y a par derrière une salle où l'on a mis deux lits.

A gauche du corridor, le salon à manger,

le raide escalier qui conduit à l'étage supérieur, se pressent aux dépens l'un de l'autre ; derrière cet édifice s'étend un jardin d'un demi-arpent complanté en quinconces, en espaliers. Il y a un potager, un bois en labyrinthe, une prairie, une plaine, une montagne, une cabane, un lac, une chapelle, un ours et un abbé de bois, merveille permanente que M. Lubert ne se lasse pas de contempler. On ne peut marcher dans le jardin, car on a oublié d'y faire des allées ; mais on peut l'examiner du haut du perron, et il *faut convenir que l'ensemble est bien satisfaisant*. Je répète exactement les expressions du couple propriétaire.

Lorsque la compagnie arriva, le salon était envahi par un coq et sa suite de sultanes huppées, par un porc dont on recommença vingt fois l'histoire et par les chiens hargneux du maître valet. Il fallut du temps pour chasser ces *intéressantes bestioles*, et M. Lubert allait de l'un à l'autre s'écriant : Oh ! la pastorale, la campagne : c'est divin, c'est ravissant.

Madame Lubert avait revêtu sa robe de noce

en gourgourant bleu, bordée d'un large ruban vert. Les quatre héritières avaient choisi un costume bizarre où le goût manquait et auquel on croit suppléer par de la profusion.

Le premier convive qui parut fut l'avocat Denisart : il s'annonça du bout de *la grande allée;* c'était une douzaine de pommiers rabougris courant l'un après l'autre et décorés de ce nom propre, en imitant la trompette et le cor de chasse, en criant ohè! ohi! ni plus ni moins que s'il eût été un courrier du cabinet.

— Qu'il est aimable ! s'écriait la famille entière, avec lui l'on n'a pas à craindre de s'ennuyer.

Il embrassa madame Lubert avec vivacité, et elle se prêta de bonne grâce à la violence, baisa galamment la main des quatre nymphes, et puis tira de sa poche un saucisson d'Arles enveloppé dans une douzaine de journaux quotidiens, et ce jeu amusa singulièrement la famille; on riait encore de la bonne grâce *du farceur,* lorsque le fils aîné du jardinier, Drille, âgé de douze à quinze ans, se précipita dans le salon en criant comme un sourd : *Notre maîtresse, voici monsieur le curé qui arrive.*

A ce nom respectable la gaieté disparut ; on enleva le cadeau de l'avocat, on poussa sous les meubles le papier qui couvrait le parquet du salon, et on se dirigea en corps vers le milieu de la grande allée. M. M...... était accompagné du gentilhomme Desproras en grande tenue, en bel habit noir, et regrettant fort que la mode n'autorisât plus le port de la brette, il l'avait remplacée par un couteau de chasse à manche d'agathe sur lequel il avait fait graver l'écusson de sa noble maison ; il le portait encore sur une épingle de col émaillée, et on pouvait le retrouver à la chaîne de sa montre sur trois cachets différens.

La voiture de M. de Gervel suivait de très-près, et la vue de cet équipage gonfla le cœur des Lubert ; ils déclarèrent que la fête champêtre serait *très conséquente*, et qu'on en parlerait avec envie de Perpan à Saint-Simon. Mais un convive manquait, et on l'attendait avec impatience ; et l'avocat s'était emparé de

M. de Gervel et lui faisait voir, ai-je dit, le jardin, qui pareil à la Jérusalem céleste, ne se montrait qu'en perspective, lorsque sur la grande route voisine on découvrit un second équipage, qui tout-à-coup tourna court dans la grande allée.

—Miséricorde! s'écria madame Lubert, Dieu veuille que la marquise de *** ne nous survienne pas en voisinant, c'est son carrosse, c'est sa livrée; M. Lubert, m'auriez-vous joué le tour de l'avoir invitée?

— Moi, mignonne, répondit gravement l'époux interpellé, une telle invitation serait de *conséquence*, et pour se le permettre il aurait fallu en avoir remémoré entre soi.

— Qui donc est-ce? allons la voir.

On se remit à cheminer en dehors de la sale cour du manoir, et on vit descendre de ce carrosse, si bien connu dans les environs, madame de Valgagnac et sa nièce radieuse, tant elle avait su par l'élégance de sa parure, relever ses charmes supérieurs.

— Dieu me pardonne! s'écria madame Lubert, nous serons treize à table, et l'un de nous mourra certainement dans l'année.

— C'est une superstition condamnable, dit gaiement le digne curé.

— Ah! monsieur M...... ne dites pas cela, ma tante est décédée à la suite d'un treizet, et elle n'avait que quatre-vingt-douze ans la pauvre femme!

— Je m'abonne, riposta l'avocat en battant un entre-chat, à mourir d'un treizet à l'âge de votre respectable tante.

— Cette madame de Valgagnac, pourquoi nous amener sa nièce, qui l'a invitée? personne, une arrogante qui salue mes filles, et voilà tout.

Ce colloque avait lieu à voix basse et en contradiction avec une physionomie riante et avec des gestes de satisfaction à l'avenant, qui certifieraient de loin, à la nouvelle venue et à sa nièce, le plaisir qu'elles faisaient à la famille Lubert. On se joignit enfin, et madame de Valgagnac qui avait aperçu le tuteur et le pupille à l'arrière-garde, s'adressant à la maîtresse du lieu de plaisance :

— Chère madame Lubert, dit-elle, ma nièce qui vous aime de tout cœur, n'a pu résister à l'envie d'assurer mesdemoiselles vos filles, que son cœur leur est pareillement ouvert, je vous l'amène sans cérémonie ; votre château, d'ailleurs, est assez grand pour qu'elle trouve à se placer, soit au salon soit à table... Mais l'aspect est magnifique, est immense..... oui, tout ici a bon air.

— Ces femmes de qualité, se mit à dire l'épicière à l'avocat, savent faire valoir les moindres choses, notre château!! c'est bien honnête de sa part.... le jardin vaste.... Il est vrai que si on pouvait s'y promener il y aurait beaucoup d'espace; mais nous y avons mis tant de choses.... De tout ceci il résultera que Pierrot fera un bon dîner, nous le mettrons au bout de la table, ce sera le quatorzième, et le mauvais sort sera écarté.

M. de Gervel était loin de s'attendre à retrouver chez les Lubert, cette dame qui déjà l'avait placé en une position difficile; cependant il triompha de sa mauvaise humeur, et conformément à l'usage, vint à son tour présenter ses hommages à la vicomtesse de Valgagnac; car on lui accordait ce titre par courtoisie. Elle, conservant un calme parfait, lui dit:

— Ah monsieur de Gervel, quelle bonne fortune! vous ici! madame Lubert a voulu réunir tout ce qui pouvait m'être agréable. C'est ma nièce, monsieur, la fille de mon noble frère.

Et ses regards en même temps se reposèrent sur Louis Marnaud, qui, lassé des plates agaceries des quatre sœurs, ne s'avouait pas le plaisir que lui causait la présence d'Hélène. On rentra dans le salon.

— Je suis fatiguée, dit la dame, une longue course me met à la mort, ne pourrions-nous pas faire un wisk, M. le curé, le gentilhomme (c'était Desproras qu'elle qualifiait ainsi), M. le duc et moi?

A ce nom de *M. le duc* on s'entre regarda dans la compagnie, attendant l'explication que l'intrigante donnerait; mais elle, toute à son idée, poursuivant:

— Eh bien, est-ce que ma proposition déplaît?

— Non, madame, répondit Desproras, mais quoique ma noblesse soit suffisante, je n'ai pas reçu du roi le titre relevé que sans doute vous m'avez attribué par mégarde.

— A vous, Desproras? Quel titre, mon ami, il y a des momens où votre tête déménage.

Et un sourire dédaigneux accompagna ces mots.

— Quoi, reprit le gentillâtre courroucé, ne venez-vous pas tout-à-l'heure de prononcer le titre de duc?

— Moi... moi... Eh bien! si cela m'est arrivé, c'est moi qui perds la raison. Monsieur le duc... Eh! c'est monsieur de Gervel, que je voulais dire; comment lui, ne m'a-t-il pas comprise?

— Parce qu'il ne lui est pas donné de deviner les énigmes, et celle-là était trop obscure pour que je pusse en chercher la solution.

— Tout comme il vous plaira, monsieur, je

vous croyais plus habile, et que surtout vous ne vous formaliseriez pas d'une inadvertance qui couronnait votre tête d'un bonnet ducal.

M. de Gervel répliqua par une simple révérence, et la vicomtesse comprit que celui-là ne se laisserait pas entamer facilement.

— M. Marnaud, dit-elle encore, ces jeunes filles ne peuvent partager notre tranquillité : à votre place je les amènerais dans le parc, elles en admireraient avec vous les beaux sites.

La cohorte légère tressaillit de joie, mais en majorité n'osa pas s'éloigner sans un autre consentement non moins nécessaire; mesdemoiselles Lubert savaient combien peu leur mère approuvait tout acte d'indépendance. L'épicière, dans cette circonstance, eût souhaité, par l'émission d'un acte suspensif, faire preuve de sévérité dans ses principes d'éducation; mais sa fille aînée, la *belle Hippolyte*, venait de perdre son avantage. Mademoiselle de Nerville, en se montrant, avait présenté une rivale redoutable; la laisser seule avec Louis présentait trop de dangers, et, dans cette position difficile, elle essaya de manœuvrer de manière à regagner ce qu'il paraissait perdre. Toinon et Annette, ses deux plus jeunes filles durent rester auprès d'elle pour veiller au dîner. Amandina, la seconde, fut commise au soin de la salle à manger, des hors-d'œuvres et du dessert; mais il fut permis à l'*Hippolyte*, selon l'expression de madame Lubert, de tenir compagnie à mademoiselle de Nerville.

La jeune fille, heureuse de cette concession, ne douta pas qu'elle ne remportât la victoire. La robe d'Hélène était de simple percale attachée par un ruban bleu; un chapeau de paille de ris orné d'un bouquet de rose couvrait sa tête, tandis que la fille aînée de la maison portait un grandissisme bonnet où les fleurs et les dentelles faisaient confusion ; sa robe de soie à grands ramages était retenue par une riche agrafe d'or au milieu de laquelle un gros rubis enchâssé jetait des feux étincelans, un challe de cachemire français couvrait ses épaules malgré la chaleur de la saison, on voyait sous sa coiffe un énorme peigne à perles de corail, des pendans pareils jouaient à ses oreilles, et à son col brillait une rivière également en énormes coraux; or, pour toute femme de bas-étage, une mise aussi *cossue* équivalait à un succès certain.

Mademoiselle Lubert ne devina pas que la taille parfaite de sa rivale non cachée par l'ampleur des vêtemens, attirerait plutôt les yeux du jeune homme que la lourde magnificence avec laquelle on l'avait fagotée; fière de sa supériorité, elle refusa d'accepter le bras de Louis, afin d'en être mieux désirée, et se mit à marcher lourdement en avant. La svelte et gracieuse Hélène, au contraire, se plaignant de l'air, de la chaleur, de la dureté du sol, s'appuya avec mollesse sur le bras qui lui était offert, et sa charmante figure et son sein aux formes énivrantes se trouvèrent presqu'en contact avec la bouche et le regard de Marnaud.

Bientôt la jeune coquette reconnaissant combien elle l'emportait sur la sotte fille de l'épicier, entama une conversation tour à tour vive, piquante, spirituelle : on parla des femmes qui alors tenaient le haut rang dans la ville. Mademoiselle Hélène les louait toutes, admirait leurs grâces, citait leur esprit, et par cette bonhomie qui manque rarement de plaire quand elle s'allie à la beauté, eut peu à faire pour conquérir une place supérieure dans le cœur du pupille de M. de Gervel.

Hippolyte, au contraire, se conformant au caractère des petites gens, enviant, jalousant chaque femme que la naissance, le rang ou la fortune élevait au-dessus d'elle, s'attachait à les déprécier. Elle les calomniait plutôt que de ne pas trouver l'occasion de leur nuire, et ses moindres paroles la rendaient de moment en moment moins intéressante aux regards de celui qu'elle s'imaginait fasciner par la réunion de ses charmes, le piquant et la vivacité de son élocution.

Ce texte épuisé, mademoiselle de Nerville, avec non moins de malice que d'art, parla peinture, musique et poésie; Hippolyte, parce qu'elle beuglait la grande ariette de Stratonice, se donnait une voix de *prima donna;* et tout à coup, sans qu'on le lui demandât surtout, elle fit retentir les échos d'une campagne, dépouillée de verdure, des éclats formidables de sa voix. A ce mugissement d'une nouvelle sorte, le couple auditeur eut fort à faire pour ne pas éclater de rire, et surtout pour ne pas se boucher les oreilles dont le tympan se trouvait horriblement fatigué. Ces mugissemens, d'un nouveau genre, traversèrent l'espace, ils retentirent jusque dans le salon.

— Oh! s'écria l'avocat Denisart, il me semble que ma filleule chante.

— Quel goût exquis, quelle méthode, ajouta l'épicière, aussi M. Causse a-t-il bien empoché mon bel et bon argent.

— C'est une syrène, ajouta madame de Valgagnac; quels poumons, M. le curé, on n'entonne pas ainsi l'office divin dans votre paroisse aux grandes festivolés.

Le digne pasteur, charitable dans toutes les circonstances de sa vie, ne répondait pas et paraissait maintenir toute son attention sur son jeu; enfin, la terrible virtuose cessa, et avec, le supplice de Marnaud et de sa compagne.

— A votre tour maintenant, dit Hippolyte avec un flegme imperturbable et en s'adressant à la gracieuse Hélène, montrez-nous ce que vous savez faire. Quant à moi, j'ai coûté gros à mes parens.

— Hélas! répondit Hélène, que pourrai-je essayer après vous; cependant si cela peut vous plaire...

— Oui, oui, chantez; je gage que ce sera avec un filet de voix...

— Je vais vous complaire, dit la gente nymphe; et en même temps modulant des tons doux et flexibles, se jouant sans efforts avec toutes les difficultés de la game, mademoiselle de Nerville chanta un morceau de la *Gazza Ladra*; et ses accens harmonieux troublèrent à tel point le sensible Marnaud, qu'un instant demeurant immobile, il oublia, à sa grande honte, quelle autre voix bien aimée lui avait fait faire connaissance avec ce morceau délicieux. Il était terminé, que lui, captivé, écoutait encore. Alors la massive Hippolyte frappant des mains :

— Bravo ! bravo ! mademoiselle, on doit de la reconnaissance à vos efforts ; vous faites ce que vous pouvez, et je suis d'avis qu'on vous en tienne compte.

Ces paroles étranges que Louis entendit, bien qu'il se perpétuât dans son ivresse, le portèrent à s'écrier :

— Oh ! la profane !

— Que dit-il, demanda Hippolyte, ces avocats rêvent toujours à quelques plaidoiries ; je vous demande pardon si celui-là ne vous a pas entendue : aussi, ce n'est pas sa faute en partie, vous avez le timbre trop bas : cela n'éveille pas l'attention. Voyez quelle différence. Et la malheureuse recommençant ses hurlemens en mesure, écorcha d'un bout à l'autre l'air célèbre de Piccini : *Tristes apprêts, pâles flambeaux.*

Elle l'achevait lorsque le son argentin d'une clochette se fit entendre. Hippolyte s'adressant à Louis et mademoiselle de Nerville :

— Pressons-nous de rentrer au château ; car le dîner est servi : voici la cloche qui nous l'annonce.

— Cette sonnette !

— Mon père qui s'en sert à Toulouse pour appeler les commis, l'apporte ici dans sa poche. Il sait que chez madame la marquise de*** on appelle aussi les convives, et en s'épargnant l'achat d'une grosse *campane* (1), il parvient à produire le même effet.

Oh ! pour cette fois, ni Louis, ni Hélène, ne purent retenir les éclats de leur gaieté. Ils en eurent d'autant mieux la facilité, que mademoiselle Lubert, dès cette explication donnée, et sachant combien elle serait nécessaire pour la mise sur table du dîner infiochi, avait pressé le pas et laissé en arrière ses deux auditeurs. Lorsque madame Lubert l'eut vue revenir seule, elle alla vers elle et la prenant à part:

— Politta, dit-elle, tu es folle. Convient-il de te séparer de mademoiselle de Nerville: que

---

(1) Mot qui en languedocien signifie une cloche.

dirais-tu si, maintenant que tu ne la gênes pas, elle allait s'entendre avec le jeune homme?

—Rassurez-vous, chère mère, fut-il répondu avec le sourire satisfait d'une modestie orgueilleuse, je l'ai anéantie, on m'a priée de chanter et j'ai fait un effet.... mais un effet... Figurez-vous qu'elle a voulu m'imiter..... Elle est anéantie, M. Marnaud est énivré de mon talent.

— Il est vrai que nous t'avons entendue, et néanmoins l'autan soufflait avec violence; mais aussi quels développemens tu donnes à ta voix, c'est admirable... Ils ne viennent pas, ils se seront perdus dans la forêt voisine, et alors....

— Chère mère, vous savez qu'il ne reste que cinq arbres, on coupa les autres hier pour faire le feu d'aujourd'hui...... Et la sonnette, comme elle a carillonné... tout ce qu'on peut dire c'est que cette journée nous procure beaucoup d'agrément.

A mesure que mademoiselle Lubert pressait le pas pour revenir plus vite auprès de la famille, la charmante et enchanteresse Hélène retardait le sien; les inégalités du sol blessaient ses pieds délicats, et alors elle pesait sur le bras qui soutenait le sien, et avec mignardise demandait pardon de sa mollesse.

— Oh! M. Marnaud, je dois vous paraître bien faible, bien débile; mais accoutumée à ne marcher que sur les tapis, la dureté de cette terre, les aspérités de ces cailloux aigus, me font un mal... Que votre appui m'est agréable, sans vous je ne rentrerais pas d'aujourd'hui à ce château, comme l'appelle ma tante qui a du grandiose dans l'imagination.

La syrène, par cette plaisanterie, perdit un peu de ce que sa grâce lui avait fait gagner. Louis énivré de sa voix, de ses manières, de sa beauté, l'aurait souhaitée parfaite, et il la découvrait moqueuse, aussi cessa-t-il de la regarder avec autant d'intérêt. Elle, remarquant cette différence, se mit à réfléchir, et devinant la faute commise:

— Ces Lubert, dit-elle, sont de bonnes gens, ils ne connaissent pas les usages du monde; mais ils réparent ce tort léger par des qualités si réelles.... Mademoiselle Hippolyte est une belle femme, et au fond elle chante bien.

Le serpent de nouveau se laissa voir sous sa forme naturelle, et Marnaud prenant la parole :

— Etes-vous sincère, mademoiselle, lorsque vous louez sa voix?

— Elle a de l'étendue.

— Elle manque de goût et de méthode.

— Oh, monsieur, on ne peut tout avoir.

— Est-ce d'elle que vous parlez, mademoiselle? vous êtes si supérieure que je vous aurais voulue indulgente.

— Ne le serai-je pas moi-même qui ai tant à me faire pardonner?

— Ceci, mademoiselle, peut être un acte de modestie ; mais du moins n'en sera pas un de sincérité.

XII

Les Voleurs de grands chemins.

> Nul ne peut fuir sa destinée.
> *Proverbes.*

La partie de wisk finissait, et l'on allait se mettre à table, lorsque Louis rentra avec mademoiselle de Nerville. Madame de Valgagnac jetant sur eux un regard rapide, ne vit pas dans les yeux de sa nièce le contentement qu'elle espérait ; déguisant son dépit, elle accepta la main du curé, et toute la compagnie, à sa suite, passa dans la salle à manger; on y trouva les cinq dames Lubert qui chacune avait la figure enflammée à cause des soins qu'elle venait de se donner pour régaler les convives; et la famille attendait, non sans inquiétude, l'opinion qu'on manifesterait touchant l'excellence du dîner.

C'étaient principalement de la vicomtesse et de M. de Gervel dont on espérait le suffrage; aussi on les examinait attentivement; eux, par un effet contraire, préoccupés et peu satisfaits, se taisaient, et leur distraction se montrait visible. Madame Lubert ne pouvant supporter plus long-temps cette incertitude:

— Madame, dit-elle en s'adressant à la vicomtesse, que vous semble de cette épaule de mouton aux fines herbes?

— Elle est excellente; mais il y a ici un meilleur dégustateur que moi, et M. le duc de Merange...

— En vérité, Madame, dit M. Desproras, il faut que vous ayez jeté votre dévolu bien serré sur le duc de Merange, car vous vous attachez à le voir où il n'est pas.

— Monsieur! repartit la dame, votre observation est au moins inconvenante : une femme de mon rang égarée en des réflexions profondes, peut commettre une erreur, la lui reprocher n'est pas d'un gentilhomme.

A cette riposte, si dure et si brusque, l'anobli laissa tomber sa fourchette, à tel point il se sentit péniblement frappé; et oubliant à l'heure de la colère le peu de galanterie qu'il avait appris, il se défendit avec une aigreur, devenue plus amère à cause du silence hautain dans lequel madame de Valgagnac se maintint à son égard. Le dîner, qui avait commencé sous d'agréables auspices, dégénéra en une réunion solennelle que cherchèrent en vain à ranimer la gaîté commune de l'avocat Denisart et la bonhomie satisfaite de M. Lubert; mais on les secondait mal. M. le curé revint à une homélie qu'il prêcherait le dimanche suivant; Louis Marnaud s'accusait d'avoir un moment écouté avec trop de plaisir mademoiselle de

Nerville, ce qui lui semblait une infidélité coupable faite à Lucie, et pour s'en punir il gardait le silence, bien qu'on l'eût placé entre les deux filles aînées de la maison.

Son tuteur, pareillement, n'était pas satisfait. L'insistance désobligeante avec laquelle madame de Valgagnac lui imposait, dans ses momens de distraction, une dignité qui semblait lui être étrangère, appelait sur son front une morosité prolongée. D'ailleurs, les propos, les plaisanteries, les formes de la majeure partie des assistans étaient si en dehors de toute son existence, qu'il se trouvait là plutôt au milieu d'un cercle étranger qu'avec des amis empressés à ramener la sérénité sur son front.

La vicomtesse, de son côté voyait avec dépit, le pupille de M. de Gervel insensible aux charmes de sa nièce, et ceci suffisait à la rendre mélancolique, bien qu'elle n'eût plus la coutume de se montrer taciturne lorsqu'il lui prenait fantaisie de s'asseoir parmi de petites gens.

Les Lubert, enfin, songeant à l'énormité de la dépense, aux embarras, qui pendant plusieurs jours ressortiraient de ce dîner *fastueux* pour eux, et si en dehors de leur existence journalière, n'étaient pas sans inquiétude pour décider de quelle manière ils feraient tout rentrer dans l'ordre accoutumé.

La conversation devenue générale languissait, la nuit descendue enveloppait la terre, quand deux ou trois coups de feu, partis de la grand'route qui avoisinait la maison des Lubert, changèrent les dispositions de la société; les femmes poussèrent des cris de terreur, les hommes se levèrent en grande hâte, quittèrent le salon, traversèrent la cour, et se précipitèrent vers le lieu d'où le bruit se faisait entendre. Louis Marnaud fut le premier à sortir, et sa promptitude lui permit de voir un homme qui d'un pas précipité fuyait à travers champs; il passa sous le logis, et Louis présumant que ce pouvait être un malfaiteur, se mit à le poursuivre en même temps qu'il appelait à son aide. Deux hommes de peine, journaliers des environs, répondirent à sa voix; ils marchèrent en suivant sa trace, et à une portée de fusil, ils le virent se colletant avec un individu qu'il voulait retenir et qui lui opposait une vive résistance; eux accoururent et à temps, car celui que Marnaud pressait avec tant de courage, voyant qu'il ne pouvait s'en débarrasser, tira sur lui un pistolet à bout pourtant. Louis par un mouvement fait à propos, esquiva la balle et ne retomba qu'avec plus de vivacité sur son ennemi; ce fut en cet instant que les deux paysans le rejoignirent, et l'inconnu se voyant cerné, s'abandonna à un désespoir morne, qui le rendant comme enivré, l'empêcha de faire aucune résistance; on le saisit, on lui lia les mains, on le ramena en triomphe dans la maison de M. Lubert.

Pendant ce temps le reste de la compagnie s'était dirigée vers la grand'route: elle vit une voiture attelée de deux chevaux mortellement blessés, et arrêtée au milieu du chemin. Deux militaires venaient d'en descendre; c'étaient eux qui, arrêtés tout nouvellement par quatre malfaiteurs qui à coups de sabre avaient mutilé les chevaux, venaient de faire feu sans se laisser émouvoir par le nombre. La hardiesse de leur résistance et le bruit des pistolets qui attireraient bientôt des secours, à une aussi courte distance de la ville, avaient déterminé, sans doute, les brigands à fuir. Les officiers déclarèrent que chacun avait pris une direction opposée à celle de ses camarades, afin de rendre plus pénibles les recherches que l'on ferait après eux.

Il ne fut plus possible de retenir les dames; trop effrayées pour vouloir rester au lieu de plaisance jusqu'à ce que la nuit fût plus avancée, toutes s'en retournèrent à la ville, mais en une seule troupe et sous l'escorte de la gendarmerie qui tarda peu à se montrer. Jusqu'à ce que la force publique se présentât, on avait renfermé dans une salle basse, l'homme saisi, qui se renfermait dans un silence dédaigneux. Louis Marnaud, en l'examinant lorsqu'on l'eut approché de la lumière, crut reconnaître en cet homme une figure qu'auparavant il avait rencontrée; mais où, il ne pouvait s'en rendre compte, et néanmoins le fait lui paraissait certain.

Il l'était réellement; ce voleur de grande route, ce misérable qui n'avait pas craint de tourner son arme contre Louis, était l'un des camarades de débauche de Jules Renal, et l'un de ceux que Louis avait vus avec lui le soir, où, à la suite d'une dispute dans un café de Toulouse, on les avait renfermés tous dans la prison provisoire de l'hôtel-de-ville; ce jeune scélérat, car il atteignait à peine sa dix-neuvième année, se maintenait dans une contenance farouche et silencieuse; il portait la tête basse, restait immobile, et ne daignait répondre que par des regards menaçans aux imprécations dont les paysans le chargeaient.

Ce vague souvenir qui rattachait Marnaud à lui, engagea le premier à lui demander quelle part il avait prise à cette attaque audacieuse, et si ce n'était pas lui-même qui, trois semaines auparavant, avait tenté le même acte, plus heureux cette fois, sur un voyageur qui entrait à Toulouse par le chemin de Paris. Il s'agissait de la circonstance, dont le lecteur se ressouviendra peut-être, celle de vol commis au préjudice de M. de Gervel, le jour où il arrivait. L'homme arrêté, tournant dédaigneusement la tête, répondit qu'il n'avait pas plus trempé dans ce délit ancien que dans celui qui naguère avait lieu : Je revenais de la promenade, ajouta-t-il, où m'avait invité la beauté de la soirée, lorsqu'à mon oreille des coups de feu ont retenti ; j'ai pris la fuite, et vous m'avez arrêté.

— Quoi ! dit Louis Marnaud, vigoureux comme vous paraissez l'être, vous vous êtes sauvé au lieu de prêter votre secours au voyageur arrêté, ainsi qu'il convenait de le faire?

— Ma foi, je n'ai songé qu'à *ma boule*, le *primo nihi*, comme dit le curé de mon village.

— Et cette conduite lâche est retombée sur vous, puisque vous voilà prévenu d'une tentative de vol à main armée commise sur la grande route.

— Et où sont mes armes? demanda Hilaire Robert en regardant autour de soi, mes dix doigts sont-ils un sabre ou un fusil?

Comme il achevait ces mots, quelqu'un entra, porteur d'une canne ferrée qu'il venait de trouver sur un champ tout auprès du lieu où Hilaire avait été saisi.

— Voilà, dit le paysan, le gourdin de ce misérable !

— Et pourquoi pas plutôt le tien? dit Hilaire furieux; et si par cas vous rencontriez une pièce de six oubliée au polygone, la diriez-vous pareillement à moi? Est-ce ainsi que l'on raisonne avec le pauvre monde? En vérité, la justice n'est guère juste.

— Comment vous appelez-vous?

— Or ça, dit Hilaire, qui êtes-vous pour me faire ce tas de questions? le procureur du roi, le juge d'instruction, un gringalet de substitut?

— Je suis un homme qui souhaite vous trouver innocent, bien que déjà il vous ait vu dans la position du coupable.

— Ah! vous vous rappelez cette sotte rencontre? vous avez bonne mémoire; il s'agissait ce soir là, d'une punchière cassée et d'un œil poché, cela arrive journellement aux bons enfans; d'ailleurs, j'avais commis ce crime, et il insista sur le mot, en la compagnie de votre futur beau-frère, puisque vous me reconnaissez.

Tenez, M. Marnaud, je suis un pauvre garçon, à qui on en veut et à qui on fera payer de vieilles fredaines ; laissez-moi prendre la clé des champs, je vous en aurai de la reconnaissance, je m'amenderai, et peut-être en retour du service rendu vous obligerai-je à mon tour en vous révélant un secret..... vous le payeriez cher, si vous pouviez seulement en soupçonner l'existence.

Ce colloque jusques ici avait eu lieu à demi-voix; la chambre était grande, et les deux paysans commis à la garde d'Hilaire, outre qu'ils ne comprenaient qu'imparfaitement l'idiôme français, étaient placés trop loin contre la porte pour qu'ils pussent entendre distinctement ce qu'il disait. Les dernières paroles qui arrivèrent à l'oreille de Louis, l'intriguèrent, et la perspicacité de son esprit lui fit comprendre d'abord qu'il s'agissait de quelque méfait de Jules. Il n'eût pas mieux demandé que de consentir à la proposition du mauvais sujet, mais sa conscience s'y opposait impérieusement ; elle lui faisait un devoir, au contraire, de se montrer sévère envers le malheureux. Il allait donc lui dire avec franchise ce qui empêchait l'accommodement qu'il proposait, lorsqu'un brigadier de gendarmerie accompagné de quatre des siens parut, et allant droit à Hilaire :

— Ah ! compagnon, dit-il, te voilà pincé, je t'avais prophétisé que tes allures auraient une triste fin ; quoi ! un assassinat sur la grande route, et pour un début encore, malepeste ! il te mènera loin.

Les yeux éteints d'Hilaire, l'expression farouche de sa physionomie, la pâleur de ses lèvres montrèrent assez la situation de son âme ; il ne répliqua pas au dur sarcasme du militaire, et même, sans le regarder, il lui tendit les mains; on lui mit les poucettes, puis se laissant emmener sans résistance, il dit en passant à Louis ;

— Adieu, M. Marnaud, il vous en coûtera pour avoir prévenu les gendarmes dans leurs fonctions. Et soulagé par ce sarcasme de menace, il s'éloigna. Louis demeuré seul, resta un instant immobile, puis rassemblant ses idées, songeant à ce qu'il devait faire, il s'empressa d'aller rejoindre la compagnie; elle se préparait, ai-je dit, à rentrer tous ensemble à Toulouse; les voitures, le char-à-banc, emportèrent les douze convives, et jusques au dernier moment on ne cessa de parler de l'événement remarquable qui avait eu lieu, et M. Lubert en se frottant les mains répéta souvent :

— Cette journée sera mémorable, et tout Toulouse se rappellera le célèbre dîner que j'ai donné aujourd'hui à ma maison de plaisance.

Le reste de la société ne partageait pas sa satisfaction : M. Denisart trouvait qu'on n'avait pas assez ri de ses fades plaisanteries, M. Desproras se plaignait de ne pas avoir la place d'honneur, M. de Gervel se dépitait de la rencontre de madame de Valgagnac, et celle-ci avait espéré mieux du rapprochement de sa fille avec Louis. Quant aux demoiselles Lubert, la concurrence d'Hélène suffisait pour leur ravir la moitié de leur contentement. Mademoiselle de Nerville s'indignait de n'avoir remporté qu'une demi-victoire, et Marnaud tout préoccupé songeait aux paroles d'Hilaire, et frémissait de la part que Jules aurait prise à un crime qui lui faisait horreur; ainsi, cette partie qui devait laisser de si heureux souvenirs, était presque comme toutes les actions des hommes, empoisonnée par quelque côté.

En arrivant chez M. de Gervel, Louis après avoir échangé avec lui des paroles affectueuses, le pria de lui permettre d'aller remplir un devoir impérieux.

— Un devoir, vrai? dit le tuteur en souriant.

— Oh très positif, monsieur, repartit Louis, dont les traits prirent une expression solennelle.

— Dans ce cas, sauvez-vous, je m'étais imaginé que vous auriez de l'empressement à vous aller informer si mesdames de Valgagnac sont remises de la frayeur et des fatigues de la journée.

— Ce serait sans doute très poli à faire; mais

j'avoue qu'un autre soin m'occupe, plus sacré, plus impérieux.

— Dans ce cas, je ne vous retiens plus.

Marnaud s'éloignait, son tuteur le rappela, il revint contristé néanmoins.

— Que vous semble de mademoiselle de Nerville?

— Elle est belle comme un ange, a l'esprit d'un démon, et chante à ravir.

— Vous dites cela comme si vous le lisiez dans une gazette : quoi ! une créature aussi ravissante n'a pas fait sur vous plus d'impression? ce n'a pas été l'intention de sa tante, et si vous le lui prouvez elle vous en voudra beaucoup.

— Et vous avez vu tout cela, monsieur?

— Oui, et autre chose : la vieille vicomtesse vous veut pour neveu, et à part la fortune qui est très médiocre, tout le reste de ce qu'on cherche dans un établissement est convenable; la famille est d'ailleurs de haute qualité, une telle belle-fille me plairait en la séparant de sa tutrice.

— Dans ce cas, monsieur votre fils sera heureux.

— Je n'en ai point, dit M. de Gervel en soupirant, je parlais au hasard par forme hypothétique, comme on le fait souvent au hasard, et à tout prendre cette alliance vaudrait beaucoup mieux que celle qu'il vous plaît de contracter.

— Je n'ai pas le bonheur d'être votre fils, répliqua Marnaud d'une voix émue.

— Et j'ai pour vous, mon enfant, la tendresse d'un père, c'est votre bien-être que je veux, et vous l'exposez dans une alliance.

— Monsieur, je vous ai appris qu'une nécessité impérieuse m'éloignait momentanément de vous; au reste, nous reprendrons cette thèse quand il vous conviendra, bien qu'elle me soit pénible, car enfin j'aime depuis trois ans, j'ai étudié le caractère de mademoiselle Renal, et je sais qui j'épouse.

— Erreur, erreur commune à tous les hommes, ils ne savent qui ils ont pris, que dix mois après le mariage, et vous n'en êtes pas encore là.

Louis se contentant pour toute réponse de saluer son tuteur, le laissa peu satisfait et courut rempli d'impatience auprès de Lucie ; il la rencontra seule avec son frère. Celui-ci à la vue de Marnaud tressaillit et baissa la tête ; Marnaud impatient d'entrer en matière, et sans commencer par se plaindre de l'engagement faussé par son ami, lui dit d'abord :

— J'apporte une mauvaise nouvelle pour ceux qui s'intéressent à un enfant de cette ville, au nommé Hilaire Robert.

— Que lui est-il donc arrivé ? demanda Jules avec anxiété et oubliant qu'il s'était promis de ne point parler au survenant.

— Il est arrêté depuis deux heures de temps, et ce, sous la prévention d'un vol à main armée sur la route de Perpan.

Jules poussa un cri, se leva, fit deux pas, regarda autour de soi, puis, retournant sur le canapé qu'il venait de quitter :

— Est-ce possible ! murmura-t-il presque indistinctement.

— Très possible, car moi qui te parle ai mis

la main à son collet et l'ai confié aux soins de la justice.

— Tu as joué un beau rôle!

— En est-il de supérieur à celui de secourir des hommes qui passent sur un chemin et que de vils misérables arrêtent? et depuis quand le beau rôle n'appartient-il plus aux honnêtes gens?

— Hilaire est mon ami, et tu aurais dû te le rappeler.

— J'aurais voulu l'oublier, si lui-même n'avait pris soin de m'en faire souvenir.

— Il a parlé! s'écria Jules en pâlissant.

— Il n'a nommé personne; mais il a tenté de me gagner en menaçant de compromettre, a-t-il dit, des gens auxquels je m'intéresse.

— Oh, repartit Jules, en essayant, par ce qu'il allait dire, de détourner tout soupçon qui l'aurait atteint lui-même, ce pauvre diable dans un mauvais moment et pour se sauver, aura fait un appel à ta générosité, car grâce à Dieu si celui-là vole et tue, il n'y a rien de commun entre nous deux.

Marnaud aurait souhaité rencontrer dans ces paroles la véhémence de la conviction ; elle n'y était pas, son cœur s'en attrista ; Lucie partagea ses inquiétudes : et, moins retenue envers un frère auquel elle servait de mère, et qui de tout temps avait manifesté pour elle autant de tendresse que de respect, elle se leva et vint en face de Jules :

— Malheureux ! dit-elle, voici ton jour solennel ; vois où conduisent ces liaisons de débauche ! ton ami prétendu est un voleur de grand chemin !

— Il est accusé, j'espère qu'il ne sera pas coupable.

— Il l'est, riposta Louis, et ma déposition l'anéantira.

— Tais-toi ! s'écria Jules avec véhémence, tu parles comme un homme sans cœur.

— Ne nous occupons pas de ce vil Hilaire, reprit Lucie, mais de toi uniquement, de toi ; non, mon frère, tu n'as pas pris part à ses actes exécrables, mais tu le fréquentes, et là-dessus on établira ton acte d'accusation.

—Autant vaudrait l'établir sur les brouillards de la rivière, vous êtes fous tous les deux ; quoi, je serai un voleur public parce qu'un de mes amis sera soupçonné, sans preuve, de l'être ! ce serait étrange ; d'ailleurs, Lucie, je ne suis pas sorti de la journée.

— Je suis ta sœur ; et à ce titre, on infirmera tout ce que je pourrai dire.

— Alors, alors, dit Jules dont la colère croissait de plus fort en plus fort, déclarez-moi atteint et convaincu de complicité avec Hilaire, montrez-moi, attaquant tantôt ces voyageurs dont Louis parle, vous aurez raison et mon compte sera bientôt réglé.

— Qui te parle, mon frère, de tout cela ? nous craignons que ton amitié avec un mauvais sujet ne te nuise. Il est bien certain que tu ne m'as pas quittée, que tu n'es aucunement complice, mais ta réputation entachée, comment pourras-tu la laver ? que penseront nos amis ? que dira notre père ? n'est-ce pas là l'occasion fâcheuse dont tu dois profiter pour rompre sans retour avec de si détestables amis, pour te tracer une autre ligne, pour ne prendre des exemples que de notre excellent Louis?

Jules ne répondit pas, et Marnaud prenant la parole :

— Ne te souvient-il plus de l'engagement pris avec moi? j'en ai rempli les clauses, et toi, pourrais-tu en dire autant?

— Je suis un fou, je passe condamnation ; mais à vous autres, dont la vie n'est pas troublée par ce qui désordonne la mienne, il vous est aisé d'aller devant vous sans craindre les obstacles, mais moi...... moi, que mon père a délaissé, moi qui marche sans guide dès mon bas-âge, me sera-t-il aussi facile de reculer et même de changer de sentier?

— Oui, dit Marnaud, tu le pourras pourvu que tu le veuilles. Tu désirais naguère faire ton tour de France, tu en es le maître ; j'ai pris des mesures qui te permettent de partir cette nuit même, viens avec moi trouver celui qui te confie ses intérêts, tu feras sa connaissance, tu visiteras son magasin, et ayant reçu ses instructions, tu mettras une forte distance entre toi et ceux qui t'entraîneraient dans une voie fatale de perdition.

Jules était ébranlé, il le laissait reconnaître par le jeu muet de sa physionomie; Louis, pour achever de le déterminer, alla vers lui, le prit sous le bras, lui mit le chapeau sur la tête, et déjà l'entraînait vers la porte extérieure, lorsque Jules se dégageant doucement, dit d'une voix presque inintelligible :

— Non, je ne quitterai pas Toulouse; j'y aime, et en partant je mourrais d'amour et de jalousie.

— Et qui aimes-tu, demanda Lucie, est-ce ma chère Cécile Melon? eh bien pars, elle te sera fidèle.

Jules secoua la tête.

— Tu en doutes! elle est sage, pieuse....

— Ce n'est pas elle que j'adore : je voudrais pouvoir la chérir. Mais si tu savais quelle admirable créature me nomme mon amant, tu comprendrais l'étendue, la vivacité de ma flamme et l'impossibilité où je suis de renoncer à elle et même de m'en séparer.

La vie simple et retirée que menait Lucie ne lui permettait pas de deviner de quelle femme Jules parlait. Toulouse était pour elle un labyrinthe immense, où, de famille à famille, elle se serait perdue : si bien que ne pouvant rien dire, elle se contenta de montrer sa curiosité par un regard qu'elle adressa en même temps à son frère et à son amant. Celui-ci non moins qu'elle, existait dans un isolement complet; néanmoins plus formé aux usages du monde, il chercha, non dans la bonne compagnie dont certes le jeune passionné ne s'approchait pas, mais parmi les filles de théâtre, celle dont il était question, et le nom et la figure d'Olivia ne s'offrirent pas à son esprit : force fut donc à lui et à Lucie de demander le complément d'une explication ébauchée.

Mais Jules en avait déjà trop dit, il se reprochait cet aveu qui selon lui compromettait l'Italienne, et, à tout ce qu'on lui demanda, il répondit par des mots évasifs, et on ne put rien obtenir de ce qui aurait aidé à le sauver. Ne pouvant donc rien obtenir sur ce point, on traita celui de sa vie à venir. Louis lui rappela tout ce qu'il lui avait dit; attaqua sa tendresse pour ses pareils; sa délicatesse, le serment qu'il avait juré; mais comme pour se résoudre à quitter Toulouse, il aurait fallu se séparer d'Olivia, Jules de ce côté ne se montra pas plus facile. Ni les instances de son ami, ni les larmes de sa sœur ne purent toucher son ame. La faiblesse, quand elle se raidit contre son inertie, prend une vigueur que la raison ne connaît pas. Cependant Jules attaqué par deux êtres qui le chérissaient, et persuadé au fond du péril de sa situation présente, ne savait plus comment se défendre; peut-être allait-il parlementer, lorsque des pas précipités se firent entendre dans le corridor. Marnaud en entrant dans la maison avait oublié de fermer la porte de la rue, Gabriel Gimont parut, et avant d'avoir vu qui était là :

—Jules, s'écria-t-il, nous sommes perdus, Hilaire est arrêté.

XIII

Le nom fatal.

> Souvent pour anéantir un homme Il
> suffit de lui jeter son nom à la figure.
>
> *Restif de la Bretonne.*

Certes, lorsque Gabriel Gimont eut reconnu en présence de qui il se trouvait, il aurait payé cher la faculté de pouvoir retirer la phrase imprudente; mais elle était lâchée, on l'avait entendue, et son effet produit ouvrait la source à de nombreuses et désagréables conjectures; le survenant dépité de son imprudence se remit après le premier instant de surprise mécontente, puis il salua respectueusement Lucie, fit un signe de la tête fier et hautain à Louis, et tendit avec affection la main à Jules; mais comprenant que ce qui lui était échappé avec tant d'imprudence exigeait une explication, qu'il serait même dangereux pour lui de demeurer sous le poids de ce propos, il ajouta :

— En vérité, Jules, on est réellement perdu lorsqu'un ami est dans le malheur, et celui-là accusé injustement passait étranger à tout ce qui avait lieu sur la grande route, lorsque des forcenés accourus d'une maison voisine se sont jetés en nombre sur lui, on l'a saisi par force, et le ramenant vers la voiture attaquée on a demandé aux voyageurs si ce n'était pas un de leurs assaillans, leur réponse a été négative, et néanmoins le pauvre Hilaire a été conduit à la Conciergerie où il reste confondu avec des malfaiteurs.

Gabriel se serait épargné cette longue narration s'il avait vu les signes que Jules lui faisait en arrière de Marnaud, mais sa préoccupation était telle qu'il ne les aperçut pas et qu'il continua le récit mensonger. Marnaud le laissa aller aussi loin qu'il voulut, et lorsqu'il s'arrêta, lui alors, sans s'adresser personnellement à Gabriel, se mit à dire :

— Les faits sont déjà dénaturés en ce qu'ils ont de plus important : l'homme suspect de participation au vol de tantôt a été pris non sur le grand chemin où il aurait fourni en paix sa course, mais dans les champs et en pleine fuite.

— On vous a trompé, monsieur, dit Gabriel arrogamment.

— On vous a trompé vous-même, repartit Marnaud, avec une froide hauteur remplie de dédain, car celui qui s'est emparé de cet homme, est moi qui vous parle, et cet homme innocent ne s'est rendu qu'après avoir fait feu sur moi à bout-portant, au moyen d'un pistolet de poche.

— C'est à quoi doit s'attendre, répliqua Gabriel, quiconque se mêle d'affaires qui lui sont étrangères.

— Autant que doit être indifférent à un citoyen, le crime commis sous ses yeux ou à peu près.

— Le crime! dit Gabriel dont les yeux s'allumèrent de courroux.

— Quel autre nom connaissez-vous, répondit Marnaud toujours calme, au vol nocturne sur un chemin, et accompagné de l'assassinat?

— Vous avez fait un beau coup en arrêtant ce pauvre diable, dit le même interlocuteur; ami de Jules, dès leur enfance, qui vous assurera que pour se venger il ne cherchera pas à vous nuire en lui?

— Les assertions de telles gens sont déconsidérées lorsque rien de grave ne les appuie. Que, par exemple, il lui prenne fantaisie de me désigner comme son complice, vous verrez quelle chance aura sa révélation.

— Oh! monsieur, repartit Gimont avec ironie et un rire sardonique, tout Toulouse connaît l'excellence de vos vertus, vous êtes le phénix de la jeunesse, l'aigle de son barreau; mais par malheur, Jules est trop bon enfant pour ne pas avoir des ennemis ou des jaloux; on cherche à lui nuire.... Gabriel s'arrêta, réfléchit un instant, puis, reprenant la parole : Monsieur, les choses sont trop avancées pour qu'on puisse ne pas les brusquer, voulez-vous que je vous parle avec pleine franchise, dans l'intérêt de Jules, dans celui de mademoiselle, et surtout du vénérable M. Renal, celui sur qui vous avez mis la main est un drôle capable de tout ! il est déterminé à charger Jules, si on ne s'engage pas à le sauver, et d'après ce que vous venez d'enseigner, tout cela dépend de vous seul; convenez que vous avez frappé à la légère quelqu'un qui passait sans mot dire ; laissez en dehors l'épisode de ce pistolet imbécile, puisqu'il n'a pas su vous tuer, et l'accusation dès-lors tombera d'elle-même, et Jules ne sera pas compromis.

— Que je mente ! répliqua Marnaud avec impatience; que d'adversaire je devienne le compère d'un escroc assassin ! est-ce à proposer à un homme d'honneur ?

— Mais, Jules !

— Eh! Monsieur! toujours Jules, que lui importe au fond les rapports de ce scélérat! a-t-il trempé dans ses luttes coupables? non, sans doute, il ne l'a point fait, car si contre toute attente.... Il est odieux de jeter dans l'âme d'une sœur.... d'un ami réel, de pareils soupçons! Jules, je te crois sans tache; si tu ne l'es pas, tu briseras mon âme, mais ne compte plus sur mon amitié.

Jules fit un mouvement de consternation; Lucie regarda son amant avec des yeux qui semblaient lui reprocher cette déclaration vertueuse. Gabriel, au contraire, dont la physionomie rayonna d'une joie maligne, battit des mains, et s'écria :

— Eh bien, Renal! voilà de ces amis à toute épreuve! de ces amis, qui à la moindre peccadille disent fi de nous, et nous repoussent dans l'abîme au lieu de nous tendre la main pour nous en sortir. Belle tendresse! forte, solide, regrettable; la mienne ne ressemble pas à celle-là! que tu sois bon ou mauvais fripon, ou honnête homme, ma bouche et mes bras te resteront toujours ouverts. Et vous, mademoiselle, pesez mûrement qui vous refusez, et qui a obtenu votre amour.

Lucie à cette interpellation inconvenante détourna la tête pour cacher sa rougeur et son embarras. Marnaud, au contraire, redressa la sienne, et lançant à Gabriel un coup-d'œil de mépris :

— Quand on n'a rien à perdre, à quoi s'expose-t-on en ne refusant rien ?

— Parlez en langage vulgaire et non en énigmes, répliqua impétueusement Gabriel, ou, sans respect pour vos batailles gagnées et cette croix acquise je ne sais où, je pourrais châtier.....

— Je vous ordonne de vous taire, vous savez bien qu'un duel entre nous est impossible, répliqua Marnaud majestueusement.

— Et pourquoi, s'il vous plaît?

— Monsieur Gabriel, dit ici Lucie, vous êtes chez moi; monsieur Marnaud, ne l'oubliez pas aussi.

— Je m'en souviendrai toujours, répondit ce dernier.

— Je suis homme à l'oublier quand on m'outrage, répliqua le dernier; ce joli cœur, vous venez de l'entendre, a prétendu qu'un duel entre nous était impossible, ceci est encore obscur, qu'il l'explique.

— Ne l'exigez pas.

— Si, de par tous les diables, vous y viendrez; ou sans que rien m'arrête...

— Louis, s'écria Lucie, voulez-vous me voir mourir?

— Sortons, Gabriel, ajouta Jules, monsieur est un homme d'honneur qui demain ne nous refusera pas une explication demandée paisiblement.

— Pour ce qui est d'une explication, dit froidement Louis, je la tiens à la disposition de monsieur; ce soir, demain, lorsqu'il la croira nécessaire; mais quant au combat singulier qui pourrait la suivre, il n'aura pas lieu.

— Et c'est cela justement que je veux savoir, dit Gabriel en frappant la terre du pied, ce que je saurai sans retard, et dussé-je y perdre la vie.

— Il vous en coûtera moins cher, repartit l'interpellé ; et puisque ma discrétion vous mécontente, puisque vous vous obstinez opiniâtrement à courir vers votre destinée, apprenez que dans aucun temps, en aucun lieu, et sous aucun prétexte, le chevalier Louis Marnaud ne descendra sur le terrain avec Eugène Rouland.

— Avec Gabriel Gimont, tu veux dire, ajouta Jules; et lorsqu'il eut achevé il demeura surpris du silence profond et de l'immobilité singulière de celui qui, sitôt auparavant, s'exprimait avec tant de violence ; maintenant il était là debout, consterné, des gouttes de sueur tombaient de son front, et des teintes d'une pâleur verdâtre couvraient ses joues, ses mains frémissaient ainsi que son corps, agités de mouvemens convulsifs; à peine s'il pouvait se soutenir sur ses jambes, à tel point elles flageollaient sous lui.

Lucie charmée de l'aspect inattendu que la querelle avait pris, contemplait ravie, son amant dont la beauté naturelle était relevée par la sublimité d'un dédain, enfant de la vertu. Il était là debout aussi, mais sans arrogance, ayant les bras croisés avec une sorte de nonchalance et attendant qu'il plût à son rival de prendre un parti ; mais celui-ci ne se pressait point de sortir de sa stupéfaction : anéanti par ce qu'il venait d'entendre, deux mots prononcés avaient suffi pour lever inopinément devant lui la toile qui cachait l'horrible perspective de la vie. Les noms d'Eugène Rouland qui lui en rappelaient un des aspects si désagréable, l'accablaient, le terrifiaient, et pour la première fois, il ne se trouvait pas de réplique à cette dure attaque qu'il était si loin de prévoir. Cependant il fallait parler ; le mutisme, en cette circonstance, devenait par trop dangereux ; Gabriel le comprenait ; mais que pourrait-il dire ? comment se justifierait-il.... se justifier, cela lui était impossible, et sans trop savoir ce qu'il disait, et parlant comme au hasard :

— Fort bien, monsieur, dit-il, abusez d'un rapport de noms, d'une ressemblance de personne; sans être cet inconnu auquel vous prétendez me lier, je lui tiens d'assez près par les nœuds du sang pour que vous ayez le droit de me traiter sans ménagement. Soit, vous refusez le duel, j'aurai des témoins que je vous l'ai offert; j'ai rempli mon devoir d'homme... d'honneur; le vôtre.... que la conscience vous le dicte..... mais puisque vous êtes sans pitié pour le captif, c'est à nous qui nions sa culpabilité à chercher les moyens de le rendre à la liberté. Jules, continua Gabriel toujours plus décontenancé à mesure qu'il parlait, Jules, j'ai impérieusement besoin de vous ; il faut que je vous parle, que je vous instruise...

Et il s'éloignait et Jules restait en repos.

— M'avez-vous entendu?... et faudra-t-il que je réclame l'obéissance....

Jules se précipita sur son chapeau avec une sorte de fureur et s'élança hors du salon avec tant de promptitude, qu'au lieu de suivre Gabriel, il le devança. Lorsque celui-ci se fut ainsi assuré de sa proie, il lança sur Marnaud un regard de triomphe et disparut.

A peine tous les deux furent-ils dans la rue que Gabriel saisissant le bras de Jules, lui dit à l'oreille d'une voix altérée et fortement accentuée:

— Il me faut du sang! le sien, oui il me le faut. Vivre dorénavant tranquille à Toulouse avec cet homme devant moi; le rencontrer; trembler devant lui, supplice insupportable de chaque heure, de tout lieu : sa mort, la mienne, soit : ce sera au moins la vengeance et un châtiment.

— Mais enfin, demanda Jules encore maintenu sous le charme d'un étonnement inexprimable, quel empire ont donc sur vous ces deux noms de famille et patronimiques? ils vous ont frappé comme la foudre.

— Et avec connaissance de cause, répondit Gabriel dont la supériorité d'esprit devina que dans cette occurrence l'aveu de la vérité le servirait mieux que le mensonge : les noms que cet Olybrius est venu si brutalement me jeter au nez, je les portais à Paris lorsque je fus impliqué dans une très mauvaise affaire.

Grace à eux, je m'en débarrassai ; mais il leur en est resté une sotte et déplaisante teinture. Celui qui sait que je les unis aux miens est en droit de cacher sa poltronnerie sous le masque de l'indignité ; mais les hommes forts comme toi, les vrais philosophes, mes amis parfaits ne m'en estiment, ne m'en aiment pas moins. Ce que je redoute c'est qu'il ne conte à ta sœur cette affreuse aventure et qu'il ne la brode, ne l'enjolive de sorte à ce qu'il achève de me rendre haïssable à ses yeux.

Jules écouta attentivement ce que lui disait Gabriel ; si tout ce récit s'était passé à une époque antérieure, il se serait reculé d'un tel personnage. Maintenant il ne le pouvait plus : lié à lui par des liens indissolubles que ceux de l'amour rendaient encore plus forts, il ne s'appartenait plus, et il était contraint de vivre avec un homme qu'au fond de son cœur il n'aimait plus.

C'est ainsi que dans le vice, par une pensée insensible, on va de la bouche du gouffre, tapissée de fleurs, au plus creux, où sur une fange fétide s'entrelacent les vipères et les autres reptiles venimeux. Ainsi nos passions nous aveuglent, nous égarent et nous perdent, et quand nous ouvrons les yeux, nous nous voyons environnés de ténèbres dont notre regard ne peut percer la profondeur.

— Tout ceci, poursuivit Gabriel, doit avoir une prompte fin; il convient, dès la nuit prochaine, que nous partions pour la Montagne-Noire. Là, ta sœur isolée, et n'ayant plus l'aide de cet abominable Marnaud, consentira à devenir ma femme, et oubliera l'auteur de nos chagrins.

— Et nous abandonnerons Hilaire! dit Jules.

— Non certes, ce ne serait ni charitable, ni prudent; mais avant qu'on le juge, deux mois au moins s'écouleront; on n'a par le fait aucune preuve directe contre lui. Il fuyait; mais on fuit de peur comme de crainte : il a tiré un coup de pistolet. Oui, pour sa défense légitime. Il a vu l'arrestation de la calèche, il s'est sauvé, on a couru après lui, les brigands sans doute, il a fait feu, tout autre à sa place en aurait fait autant. Voilà son dire, puis nous aurons un bon avocat, le plus vertueux, ou à peu près, qui, éclairé sur l'affaire, au moyen de deux cents louis, montrera Hilaire blanc comme neige. Les Anglais arrêtés ne l'ont pas reconnu, c'est là l'essentiel.

— Et qui les a si malencontreusement attaqués?

— De fort habiles, qui seront qualifiés par vous d'imbéciles, parce que la fortune les a trahis ; on les porterait aux nues s'ils avaient enlevé le magot. On suivait celui-ci depuis Paris, par Nantes, Bordeaux, Agen et Montauban ; on tentera de le retrouver lorsque les maîtres le transporteront par terre à Marseille. Mais songeons à mieux, j'ai réfléchi, un enlèvement n'est pas facile, laisse des traces et peut être déjoué ; j'ai préféré une voie plus simple. Demain, un des nôtres se présentera chez toi, comprends ce dernier mot, garde-toi de faire le niais, et tu verras avec quelle aisance on trompe une jeune fille.

— Olivia sera-t-elle des nôtres ?

— Penses-tu qu'elle t'abandonne ? elle partira demain matin par le bateau de poste, arrivera demain au soir à Castelnaudary ; là, prenant des chevaux et une voiture, elle se fera conduire à Terclens, où une invitation expresse de ton père l'aura décidée à se rendre. Elle jouera la surprise de son absence, et nous sera d'un secours merveilleux pour déterminer ta sœur. Au reste, allons chez elle, nous sommes attendus ; fais-lui tes adieux : après-demain dans la journée vous vous retrouverez, et ce sera pour ne plus vous séparer.

Ces diverses explications rassurèrent Jules ; il avait toujours le vif désir de quitter Toulouse, et lorsque l'époque prochaine d'effectuer ce dessein s'approchait, il en ressentait une vive joie. Olivia venait, elle aussi, d'apprendre par un des amis l'événement de la route de Grenade ; inquiète pour Gabriel et instruite des périls qu'elle-même courait, ce fut avec joie qu'elle le revit ; ce fut avec un contentement égal qu'elle apprit que rien n'était changé et que le lendemain on sortirait de Toulouse. Les derniers arrangemens furent pris, on combina ce qu'il fallait dire et faire, et bien que le cœur de Jules fût durement torturé en songeant qu'il livrait sa sœur, il chercha à s'en étourdir au milieu des caresses qu'Olivia se plut à lui prodiguer. Il était près de trois heures du matin lorsque ces divers personnages se séparèrent.

Jules rentra chez lui au moyen d'un passe-partout qu'il s'était réservé. Il se leva tard, et au lieu de sortir, selon son usage, dès qu'il avait mis son habit, il rôda dans la maison, inquiet sur ce qui allait avoir lieu à une heure de l'après midi. On frappa rudement à la porte de la rue; Lucie, qui était proche, alla ouvrir : un homme de la campagne se présenta, tenant une lettre; il demanda si ce n'était pas ici la maison des enfans Renal, et sur la réponse affirmative :

— Voici, dit-il, une lettre de monsieur votre père, très pressée sans doute, car il a voulu qu'elle fût, non confiée à la poste, mais envoyée par exprès.

Lucie étonnée et déjà troublée d'un message

aussi imprévu et auquel leur père ne les avait pas accoutumés, s'empressa d'appeler Jules qui déjà aux aguets, rôdait à l'entour. Il survint, et, bien que la missive fût à l'adresse de la jeune fille, elle le pria de la lire, s'excusant de ne pas le faire sur l'agitation qu'elle éprouvait. Cette pièce était collective.

« Mes chers enfans,

« Vous n'avez jamais visité l'énorme masse
« de bâtimens que dans la montagne Noire on
« appelle le château *de Terclens*, et que j'ai
« acheté. Il est temps de vous faire voir ce qui
« sera un jour votre propriété; vous partirez
« donc sans délai au vu de ma lettre, vous
« prendrez une voiture particulière qui vous
« amènera directement à mon château où je
« vous attendrai. Ainsi donc, pas de retard sous
« aucun prétexte, vous savez que mon négoce
« ne me permet pas de séjourner long-temps
« au même lieu. Je charge Jules, à qui je remets
« mes pouvoirs de père, des détails du voyage

« que je fixe impérieusement à trois heures, au
« plus tard, après l'arrivée du porteur.

« Je vous embrasse, mes chers enfans, et
« suis votre bon père.

« Antoine Renal. »

— Voilà, dit Lucie en soupirant, une injonction très-impérieuse, notre père ne nous accorde pas le délai d'un jour.

— Il a tant de travail, répondit Jules qui examinait curieusement la mission ; il ne nous reste plus qu'à obéir ; fais rafraîchir cet homme, je vais aller louer une voiture ; prépare ton linge, et demain nous partirons à quatre heures du soir au plus tard.

Dès que Jules fut sorti, Lucie se conforma à ses instructions ; et tandis que le paysan mangeait, elle le questionna sur son père : il le connaissait peu, la commission lui ayant été donnée de la seconde main ; il s'en retournerait avec eux, et il s'attacha à une description de la montagne Noire, à laquelle Lucie ne comprit rien. Un autre soin l'occupait, celui de faire connaître à son amant le voyage qu'elle allait faire ; elle se hâta de lui écrire, et appelant son amie et voisine Cécile Melon, la pria de faire remettre ce billet à son adresse ; elle se flattait qu'il le rencontrerait chez lui et que Marnaud viendrait recevoir ses adieux. La Providence s'opposa à cette satisfaction. Une nouvelle parvenue le matin à la connaissance de Louis, l'avait fait sortir de bonne heure et ne lui permit de rentrer chez lui que lorsque les enfans Renal étaient depuis long-temps sortis de Toulouse.

La vivacité que Jules mit à remplir les intentions de son père, contraria Lucie, désolée de s'éloigner sans qu'elle eût vu Marnaud. La voiture se trouva prête comme par enchantement (elle l'était de la veille, grâce aux soins de Gabriel), et l'un de ses affidés en prit la conduite ; un second, celui qui jouait le rôle de paysan, monta par derrière, et Lucie et Jules ayant pris place, les chevaux partirent au trot en prenant la route de Fonse-Grive. La nuit les atteignit aux approches de Lanta, et à Caraman on séjourna pendant trois heures pour faire reposer les voyageurs. Là, on prit un guide parce qu'on avait résolu de suivre la traverse qui, d'Auriac, conduirait au pied de la ville de Saint-Félix.

Ce trajet qui n'eût dû prendre qu'une heure, retarda de deux au moins, à tel point le terrain était mauvais et cahoteux. L'aube se leva presqu'au moment d'en sortir, et on eut bon besoin de la lumière pour ne pas périr dans la descente périlleuse dite de Planquès; mais dès-lors et tandis qu'on laissait à droite Saint-Félix, bâti sur la haute colline, et que l'on côtoyait à gauche, un monticule isolé, forme de tumulus antique sur lequel s'élèvent trois moulins à vent, la voiture déboucha sur la belle route qui va joindre le grand chemin qui entretient la communication entre les deux villes de Castelnaudary et de Revel, l'une et l'autre situées à une distance de trois lieues et au pied de la montagne Noire.

C'était à peu près à une distance égale de ces deux villes, que l'on avait construit le château de Terclens. Lucie, long-temps avant d'y arriver, admira l'étendue et la magnificence du paysage colossal qui s'étendait sous ses yeux. Les Pyrénées avec leurs cîmes anguleuses et chargées de neige, le terminaient au midi; il l'était à l'est par les montagnes noires, chaînes secondaires et toutes cultivées. Au septentrion, une multitude de coteaux chargés de villages, de châteaux, de bois et de vignes, reposaient agréablement la vue et allaient se réunir aux montagnes de Castres qui formaient l'horison. A l'ouest c'étaient de semblables aspects encore plus variés et tous embellis de la pureté radieuse d'un ciel du Languedoc.

— Oh Jules, dit la jeune fille avec transport, regarde ce tableau si admirable, vois-tu ces beaux reflets de lumière, ces jeux du soleil et des ombres! oh comme ce paysage est riche, que ces nuages sont somptueusement colorés, que Louis serait heureux de voir ce qui frappe mes yeux et de partager mon enthousiasme !

Combien de fois avant de sortir de Toulouse, Lucie avait regardé derrière elle, s'attendant toujours à voir son amant accourir, sinon à pied, du moins à cheval pour lui faire ses derniers adieux; mais son espérance fut vaine, Marnaud ne parut pas, et il fallut ne plus compter sur un bonheur dont on ne sent le prix que lorsque l'on le perd.

Pendant la nuit et à plusieurs reprises, tandis que Jules dormait dans la voiture, elle qui toujours examinait sans trop s'en rendre compte, les voyageurs qui venaient du côté de Toulouse, avait aperçu à diverses reprises trois cavaliers recouverts d'amples manteaux, qui semblaient mesurer le pas de leur monture sur celui des chevaux qui traînaient la voiture des enfans Renal; une fois s'en effrayant presque, elle en avait fait l'observation à son frère qui lui avait répondu que ce devait être sans doute la patrouille de gendarmerie chargée de veiller à la sûreté de la route. En effet, au moment où eux quittèrent le grand chemin pour prendre celui d'Auriac, ces trois cavaliers renonçant à les suivre, avaient poussé droit devant eux en allant vers Revel, et Lucie observa que cette fois ils partirent d'un pas rapide.

Jules qui avait sommeillé pendant presque toute la durée du voyage, se réveilla au moment où sa sœur lui exprimait sa surprise de la grandeur du tableau de la nature à son réveil; il écoutait avec assez d'indifférence, mais le nom de Marnaud venant à le frapper désagréablement, il s'écria :

— Que Lucifer le confonde, cet ami si froid, si compassé, qui, avec si peu de ménagement, m'a signifié sa rupture si par cas je m'égarais avec de bons garçons.

— Si tu devenais voleur et assassin? a-t-il dit.

— Eh bien, c'est la même chose; qui peut répondre de soi, qui est à l'abri d'un coup de tête et d'un malheur?

— Je n'aime pas, Jules, que tu puisses tranquillement faire des suppositions aussi blâmables; est-il possible qu'un homme dans ta position, puisse tomber si bas! et si cela ne se peut, que t'importe la restriction de Louis?

— C'est un sournois, t'ai-je dit, ensuite il ne chante pas les chansons de Béranger, et il va le dimanche à la messe.

— J'ignorais que l'on imputàt à faute l'observance d'un devoir; que suis-je donc moi, alors...

— Ce que tu es? une fille charmante, digne d'être aimée, si ta jolie tête ne s'était amourachée d'un homme que je ne peux souffrir.

— Tu as bien changé, dit Lucie douloureusement, et tandis que ses yeux se remplissaient de larmes, Marnaud, naguère encore, avait ton amitié, il la méritait; c'est le plus digne des hommes; et parce qu'il est vertueux, tu le détestes et le honnis!

— Que veux-tu, sa présence m'est insupportable; il censure tous mes goûts, il est parfait, je suis un vaurien. Oh! chère petite sœur, que tu me rendrais heureux si tu transportais ta tendresse de Louis Marnaud à Gabriel Gimont.

— Comme Dieu nous entend, repartit Lucie avec solennité, autant l'un me plait, autant je méprise l'autre; ton ami prétendu est un scélérat, dont Louis m'a hier raconté des traits odieux. Sous le nom qu'il porte aujourd'hui, il ne le reconnaissait pas; mais aussitôt qu'il a pu le voir, il lui a rendu son nom véritable, son nom flétri par la menace du tabouret et des travaux forcés.

— C'est faux, c'est un mensonge infâme ! on le confond malicieusement avec son demi-frère, et frère de mère; il n'a jamais été repris de justice, et Louis est un calomniateur déhonté.

— Crois-moi, ne l'oblige pas à faire venir de Paris les pièces qui constateraient la véracité de ce qu'il avance, ton Gabriel n'y gagnerait pas.

Ici, la conversation qui dégénérait en dispute, fut interrompue par le postillon; il avait atteint l'extrémité de la route d'embranchement, et prêt à déboucher sur le grand chemin, il ne savait s'il fallait aller à droite ou à gauche. Des paysans qui passèrent dans ce moment, et auxquels on demanda où était situé le château de Terclens, indiquèrent l'une des collines avancées de la montagne Noire, dirent qu'en se dirigeant vers elles on rencontrerait un vallon, et qu'en suivant un ruisseau sur la droite, au bout d'une demi-heure on atteindrait Terclens.

XIV

Le vieux Château.

> Que de peine on se donne pour arriver au devant de la destinée qu'on veut éviter !
>
> *Recueil de maximes.*

Les villageois avaient dit vrai : lorsque la voiture eut atteint le bas de la colline, on vit un petit ruisseau que l'on prit pour guide, et après un peu de marche, on se trouva dans un vallon solitaire, environné de hautes roches, et au centre, sur un tertre apparut le triste château de

Terclens; c'était une masse de bâtimens, de tours, de murailles à créneaux, de constructions plus modernes, environnées d'une enceinte antique également et réparée avec soin; elle paraissait sortir d'un fossé rempli d'eau, et on n'y entrait que par une seule porte en avant de laquelle on avait jeté un pont; une forêt de chênes s'étendait au dehors, elle touchait presque au fossé, en avant il y avait une prairie, mais nulle part on n'apercevait la trace d'un jardin; certes, quand on était en ce lieu solitaire et mélancolique, lorsque la vue de toutes parts était bornée par des montagnes sans aucune échappée à perspective lointaine, il était impossible de ne pas sentir une tristesse profonde s'emparer du cœur.

La sombre position de Terclens frappa d'autant plus Lucie, qu'elle venait de parcourir un pays enchanté; ce passage subit d'un paysage immense et rempli de riches beautés, à un autre petit et lugubre, affecta son âme péniblement, aussi ne put-elle s'empêcher de dire à son frère :

— Il est possible que la terre soit bonne, mais on ne dira pas qu'elle soit propre à récréer l'esprit ; que te semble, Jules, de cette laide situation ?

— Elle réalise ce que nous avons lu dans les romans modernes, et sans doute que nous allons en voir sortir une troupe de brigands armés jusqu'aux dents ; le chef deviendra épris de tes charmes, et il me jettera en un cachot jusques au moment où tu consentes à devenir son épouse.

Cette réponse gaie à propos de la circonstance, réveilla les sens engourdis de Lucie ; la voiture atteignit le pont, le frère et la sœur virent alors la porte s'ouvrir lentement, leur donner passage dans une cour assez vaste et se refermer ensuite sur eux. En même temps un jeune homme en simple veste sur laquelle on voyait deux chevrons, signe qu'il avait été militaire, s'avança vers eux avec aisance et leur demanda ce qu'ils souhaitaient.

— Nous sommes, répliqua Jules, les enfans de M. Renal.

— Et par conséquent nos maîtres ; car vous êtes ici chez vous, repartit le jeune homme, nommé Laurent; nous ne vous attendions pas, car mon père est votre homme d'affaires; mais n'importe, le pays est bon, et on n'y manque de rien.

— Où est mon père, demanda Lucie étonnée de ce langage?

— Nous l'ignorons, mademoiselle; il y a bien deux mois que nous ne l'avons vu, il n'a pas fait connaître l'époque de son retour.

Lucie, de plus en plus étonnée, regarda son frère qui s'empressa de dire :

— Notre père sera ici ce soir ou demain au plus tard, car il nous a mandé de venir l'y rejoindre.

— Le messager qu'il nous a envoyé, dit Lucie, n'est donc pas parti d'ici?

— Oh! pour cela non, mademoiselle.

— C'est singulier, reprit-elle, je veux lui parler, où est-il?

— A l'écurie où de concert avec le postillon il a déjà conduit les chevaux; mais en attendant qu'il vienne, veuillez, mademoiselle, entrer dans le château, il est vieux et vaste, les appartemens n'y manquent pas.

A ces mots, le jeune homme ajouta que son père étant retenu aux bains de Rennes, par suite de violentes douleurs de rhumatismes, serait bien fâché de ne pas se trouver à Terclens pour leur en faire les honneurs, mais qu'il tâcherait de le suppléer. Il ouvrit une porte qui laissa voir un vestibule gigantesque accompagné sur deux ailes en retour de deux vastes galeries; dans le corps de logis du fond tourné vers le midi étaient plusieurs appartemens aux divers étages, tout cela coupé d'escaliers grands et petits, de corridors, de passages, de tourelles, de manière à former un labyrinthe véritable, au milieu duquel on se perdrait facilement; la plupart des fenêtres étant bouchées ou fermées laissaient pénétrer peu de lumière à l'intérieur où le vent sifflait avec une violence excessive. Peu de meubles ornaient ces salles désolées, décorées de tapisseries à personnages ou à verdures; dans quelques pièces il y avait des damas décolorés, des serges de soie à raies, des miroirs de Venise, des armoires d'ébène ornées de colonnes et de statues, de bahuts sculptés avec soin, mais peut d'objets étaient en bon état, le temps, l'incurie ayant tout dégradé.

Le frère et la sœur, suivant leur guide, arrivèrent à un salon mieux tenu que le reste du château, des glaces, des papiers modernes, des fauteuils, deux canapés en canevas, une pendule de l'autre siècle, des vases du japon annonçaient que le dernier propriétaire l'habitait ; il y avait aux deux extrémités de cette salle, d'ailleurs démesurée, deux chambres presque aussi grandes; dans l'une couchait M. Renal lorsqu'il venait à Terclens, l'autre était libre, Jules la destina à sa sœur.

— Je le veux bien, dit-elle, mais à condition que tu te logeras tout auprès de moi, car je mourrais de frayeur si je me savais seule dans cet immense appartement.

Le jeune Laurent sourit à cette manifestation d'une crainte qui lui était étrangère; il dit à ce sujet que l'une de ses sœurs coucherait dans la chambre de mademoiselle pour la rassurer; puis il ouvrit une porte et montra une autre pièce où il y avait encore un lit, et dont Jules s'empara. Ces courses avaient pris du temps ; Lucie, en rentrant dans le salon principal, se rappela qu'elle voulait questionner le messager qui était venu à Toulouse. Laurent sortit pour aller le chercher, il reparut seul peu après en annonçant que cet homme, qui se disait de Revel, venait de repartir en même temps que le voiturier; celui-ci, à l'avance, avait prévenu Jules que pour ne pas s'en retourner à vide il s'en irait coucher à Castelnaudary, où il espérait rencontrer des voyageurs.

Tout cela contraria la jeune fille sans encore lui inspirer des soupçons, elle redemanda la lettre de son père, la relut, elle était positive. M. Renal écrivait rarement à ses enfans, aussi son écriture leur était peu présente. Jules conjectura que son père rodait dans le pays, et qu'au retour de quelque foire on le verrait apparaître soudainement. Plusieurs heures s'écoulèrent à compléter l'établissement. La maison ne manquait ni d'argenterie ni de linge, le buffet et l'office étaient garnis de vaisselle, de cristaux; les provisions de bouche s'y rencontraient en quantité suffisante.

Vers trois heures, grâce aux soins de Laurent qui se multipliait, et d'une femme de charge faisant en même temps la cuisine, on put passer dans la salle à manger. Un domestique, attaché aussi à la maison par M. Renal qui aimait ses aises, arriva à propos de Revel; il ne put donner aucun renseignement sur son maître mais il servit à table, et Jules se convainquit que la cave de Terclens était bien garnie.

On était au dessert lorsque le domestique accourut, il annonça l'approche d'une voiture; c'était sans doute M. Renal qui arrivait. Jules et Lucie, à cette nouvelle, coururent précipitamment vers le vestibule, parce que déjà on entendait le bruit des roues de l'équipage roulant sur le pont. La voiture s'arrêta, il en descendit une soubrette, puis une dame, et la portière fut refermée. Ce n'était donc pas M. Renal.

A la vue de cette dame étrangère et d'une beauté remarquable, Lucie manifesta son étonnement et Jules essaya de retenir sa joie; cependant, suivi de sa sœur, il s'avança vers l'inconnue qui de son côté venait à eux.

— Mademoiselle, dit-elle, car je ne présume pas que monsieur soit votre mari, je suis la comtesse Césarini. Monsieur votre père, avec qui j'ai des comptes à régler, m'a donné rendez-vous dans son château, et j'arrive à l'instant même, heureuse de vous rencontrer dans un lieu aussi sauvage que vous embellissez de vos charmes.

Ce compliment flatta Lucie, intimidée en même temps par le titre qu'Olivia s'était imposé. Accoutumée jusqu'alors à ne vivre qu'avec ses égales, elle éprouva cette gêne qui est si commune parmi ceux qu'à l'ancienne cour on désignait par l'expression inconvenante des *gens de peu*. Lucie troublée, répondit en rougissant qu'en l'absence de son père elle tâcherait à faire de son mieux les honneurs du château à une aussi aimable et aussi belle étrangère, redoutant toutefois, et de ne pas être instruite des égards qu'on lui devait, et que la vie menée à Terclens ne lui fût pas agréable.

— Oh! quant à ceci, mademoiselle, ne vous en tourmentez pas; l'agrément de votre compagnie, des livres, le travail des mains, quelques promenades et une correspondance malheureusement trop étendue ne permettront pas à l'ennui de m'approcher.

Un coup-d'œil furtif qu'elle adressa en même temps à la dérobée à Jules, qui s'énivrait du bonheur de la contempler, indiqua un autre genre de distraction qu'elle employerait le plus souvent possible. Cependant on ne pouvait convenablement prolonger la séance en plein air. Jules, avec une forme respectueuse, offrit non le bras mais la main à la nouvelle comtesse qui, en riant, lui tendit la sienne, et tous les trois prirent le chemin du salon de compagnie.

Les dimensions peu communes du vestibule, dont le plafond s'élevait à la hauteur des toits, la nudité des murailles, et déjà la demi-obscurité qui régnait dans cette pièce, surprirent Olivia, et l'immensité de la galerie acheva de l'étonner.

— Miséricorde ! s'écria-t-elle, où sommes-nous, mademoiselle Renal; il est impossible que vous n'ayez lu les terribles romans des *Mystères d'Udolphe*, des *Souterrains du château de Mazzini*, de *l'Abbaye de Grasville*; eh bien! tout ce que je vois déjà dans Terclens me rappelle ces formidables édifices. Assurément si nous recherchions bien, nous trouverions les trappes, les degrés cachés, les voûtes profondes qui nécessairement les accompagnent; Je gage que la nuit venue, plus d'un fantôme erre sous ces voûtes lugubres.

Lucie, déjà peu rassurée, regarda la comtesse avec des yeux remplis de trouble.

— J'arrive, comme vous, madame, dit-elle, et, comme vous, je n'ai pas encore passé une nuit dans ce château vaste et désolé. J'espère que rien d'extraordinaire n'en dérange la paix; et néanmoins je ne voudrais pas en répondre.

— Dans tous les cas, repartit l'Italienne, nous avons un brave chevalier qui combattra pour nous (elle désignait Jules), et peut-être la Providence tardera peu à nous envoyer un surcroît de compagnie ; nous en aurons bon besoin.

— Il est impossible, dit Jules, dont jusqu'alors la bouche avait été fermée, que mon père tarde à venir, puisque non-seulement il nous a convoqués à Terclens, nous qui sommes sa famille, mais encore qu'il s'est permis de donner ici un rendez-vous à madame la comtesse.

— Oh! votre père, monsieur, est un homme, s'il faut vous le dire, plus à son négoce qu'à la galanterie, et je ne fais nul doute que s'il trouve à gagner un billet de mille francs il ne retarde sa venue d'une huitaine. Au reste, je me suis résignée à l'attendre de pied ferme dès le moment que je vous ai rencontré ici.

La résignation de l'étrangère ne convenait pas à Lucie ; elle soupira et dit que si son père se retardait, elle aurait préféré l'attendre à Toulouse.

— C'est que mademoiselle aura laissé son cœur dans cette ville, ajouta la comtesse du ton le plus simple comme si elle eût tenu le propos le moins inconvenant.

Lucie, surprise de cette attaque directe, se tut et son front se colora.

— J'ai deviné juste, répliqua la comtesse avec gaîté, vive ma pénétration! Ah! jeune fille, vous rêvez déjà d'amour; que de sujets de peine vous vous préparez! Or çà, puisque nous sommes seules ici, et que nous n'avons rien à faire, vous me prendrez pour votre confidente, et mon expérience vous conseillera bien.

Le silence, cette fois encore gardé par Lucie, annonça son peu de satisfaction et son éloignement pour une manière favorable à la proposition qui lui était faite. L'Italienne devina qu'elle s'était trop avancée, et, en femme adroite, laissa tomber ce sujet de conversation. En causant ainsi on était parvenu au salon, elle ne fit que s'y asseoir un instant, puis elle demanda à voir sa chambre ; Lucie déjà s'était arrangée pour lui céder celle qu'en arrivant elle avait prise, et, dans sa pensée, s'était arrangée de celle où Jules devait coucher ; une troisième, rapprochée de celle-là, fut réservée au jeune homme, et Olivia installée dans la sienne. Le frère et la sœur rentrèrent dans le salon.

— Voilà une femme accomplie, dit Jules enthousiasmé.

— Et bien prompte à vouloir s'emparer du secret des autres, riposta Lucie; je ne sais, mais il me semble que pour une femme de qualité elle est bien familière.

— C'est de l'aisance, dit Jules piqué.

— C'est plutôt de l'effronterie; ce n'est pas ainsi que m'ont parlé madame la marquise de..... et madame de M..... lorsque je les ai vues chez leur raccommodeuse de dentelles qui travaillait pour moi, et où j'ai pris des leçons de broderies.

— Bah! bah! dit Jules encore plus mécontent et en levant les épaules, tu es par trop *percinette*; c'est, je te le répète, une femme accomplie de haut rang : ce que tu as de mieux à faire c'est d'aller à son école et de prendre de ses almanachs.

Jules, après cette expression proverbiale lâchée, sortit pour aller s'informer de ce qu'on aurait à souper : il voulait envoyer à la Pomarède, à Vaudreuil, villages des environs, et, s'il le fallait, à Castelnaudary et à Revel. Laurent, qu'il consulta, lui promit que tout irait bien, la basse-cour, le pigeonnier étant peuplés, et le hasard avait fait que le gibier non plus ne faisait faute. Des légumes, cultivés dans un jardin potager extérieur situé sur les bords du ruisseau, et quelques espaliers soignés par lui-même, promettaient suffisamment des légumes et des fruits.

Jules profita de l'occasion pour annoncer au jeune vétéran qu'à la nuit close, trois de ses amis arriveraient pareillement ; que, mandés eux aussi par son père, il fallait les bien accueillir et les loger, ce qui était facile vu les dimensions du château, assez loin pour que Lucie n'eût pas connaissance qu'ils seraient là.

— C'est, ajouta l'interlocuteur en hésitant, une surprise que je ménage à ma sœur, son prétendu est un de ces trois messieurs, et je vous engage à les traiter avec les égards qu'ils méritent.

Laurent, dont le devoir était d'obéir à son jeune maître, déclara qu'il se conformerait à ses ordres, ne déguisant pas néanmoins sa surprise du mystère fait à mademoiselle Renal ; il traita ce point avec tant d'intelligence et de vivacité, que Jules ne put s'empêcher de lui dire :

— Il paraît, mon garçon, que le service militaire ouvre l'esprit.

— Oui, monsieur, qui a vu beaucoup a beaucoup lu, c'était la sentence favorite de mon vieux capitaine.

— Vous avez servi long-temps?

— Quatorze ans.

— Quatorze ans? et quelle âge avez-vous donc, je vous en donnerais vingt-deux?

— Avec huit de plus, monsieur; je me suis engagé dans ma seizième année, j'ai fait les dernières campagnes de Napoléon, et après avoir reçu sept blessures, la croix de la Légion-d'Honneur, presqu'à mon début, et le grade de sous-lieutenant ; j'ai pris ma retraite il y a trois mois.

— Ah! monsieur, vous êtes officier, je vous demande pardon si je vous ai parlé...

— Je suis un paysan très à votre service ; en quittant l'épée, j'ai repris la charrue, et je ne me souviens plus du passé.

Jules, sans trop savoir pourquoi, éprouva du mécompte de la confidence qui venait de lui être faite; la position inattendue de Laurent Rumier lui déplut, il craignit de se trouver moins libre avec Gabriel, et il s'éloigna lentement, déterminé à taire ce qu'on lui avait dit, et à écarter l'officier de sa sœur qui pourrait, le cas échéant, chercher en lui un protecteur en état de suppléer son père. Il aurait bien voulu éloigner Laurent du château, mais le moyen il ne l'apercevait pas. Ignorant les instructions de son père, sachant que l'homme d'affaires était absent, il craignait que s'il tentait d'écarter le fils de celui-ci il ne trouvât une résistance que son inexpérience redoutait.

Enseveli dans ces pensées, et attendant impatiemment l'arrivée de Gabriel, il sortit du château, regarda dans la campagne, ne vit rien qui pût l'intéresser, rentra et fut assez heureux pour rencontrer Olivia qui, voulant quitter sa chambre, et s'étant trompée de porte pour aller au salon, errait dans les vastes appartemens du château. Jules vint à elle avec transport, ils causèrent pendant plusieurs minutes en se promenant en long et en large dans une antichambre aux proportions gigantesques, et le sujet qu'ils traitaient comprimait si bien leur attention qu'ils n'entendirent point le bruit des pas de Laurent apportés par divers échos, et le son seul de sa voix les tira de leur rêverie.

Ce même son produisit sur l'Italienne un effet magique; Jules, qui lui donnait le bras, la sentit tressaillir; et comme il portait les yeux vers son visage pour connaître la cause de cet effroi subit, il vit ses joues couvertes d'une pâleur excessive. Il allait s'informer d'un état si peu naturel, lorsque une exclamation de surprise arrachée à la bouche d'Olivia l'intrigua bien plus encore, et son éloignement pour Laurent s'accrut lorsque celui-ci d'une voix ferme qu'il cherchait à rendre respectueuse eut dit à la comtesse :

— Oui, madame, c'est le sous-lieutenant Rumin qui a l'honneur de vous saluer.

— Vous, M. Laurent, vous en ma présence.... En vérité je suis bien aise de vous revoir, car je ne doute pas que vous ne soyez toujours le même homme que j'ai connu rempli de bravoure et de délicatesse.

— Je suis Laurent Rumin, fut-il répondu séchement.

— M. Renal, reprit l'Italienne, monsieur, que je retrouve ici à mon étonnement inexprimable et à ma grande joie, est un des officiers de l'ancienne armée qui a conquis le plus vite ses grades et distinctions et que le suffrage de ses compagnons élève le plus; je vous le recommande si ses affaires l'appellent auprès de monsieur votre père.

Quelque effort que pût faire Olivia pour demeurer victorieuse de son émotion, elle ne put dompter assez celle-ci pour se flatter d'avoir échappé aux soupçons de Jules; et certes, lorsqu'elle exprimait le contentement que lui causait à l'entendre la présence de ce nouveau venu, il était facile de comprendre que, tout au contraire, elle l'aurait voulu à mille lieues de là. Connaissant le péril de se taire trop vite et de trop parler, elle continua, pesait les mots et, cherchant à parachever de se vaincre, afin que son trouble secret disparût aux yeux attentifs de Jules.

— J'ai habité Paris en même temps que monsieur, il allait alors dans le monde, et ma société ne lui était pas désagréable ; j'espère que son opinion sur mon compte n'aura pas changée.

— Les temps, madame, ne sont plus les mêmes; j'étais à cette époque en une position qui m'ouvrait l'entrée des maisons les plus respectables ; ici, je suis un simple villageois, et à Paris, si on me demandait de désigner ma position, je dirais que mon père est le surintendant du marquis de Renal. La vérité est qu'il est le fermier d'un négociant de ce nom, et que sous lui je travaille, tantôt en garde-chasse, tantôt à conduire les charrettes aux marchés voisins. Je ne suis donc plus homme de bonne compagnie, mais je reste honnête homme; cela vaut autant.

Cette dernière phrase dite visiblement avec intention, Laurent s'adressant à Jules, lui apprit qu'une des personnes qu'il attendait venait d'arriver; puis saluant Olivia, il s'éloigna. Jules aurait bien désiré rester avec celle-ci, afin d'en obtenir une explication soudaine sur ce qui l'intriguait, et avant que sa maîtresse pût rien préparer; mais, songeant que peut-être Gabriel l'attendait, il suivit Laurent sans prendre la peine de déguiser sa mauvaise humeur..

Olivia restée seule, se maintint dans une immobilité de réflexion pendant assez de temps. On voyait qu'elle tenait conseil avec sa propre ntelligence, et que le résultat ne lui convenait point. Enfin, après avoir fait un geste de dépit, frappé le plancher de toute la vigueur de son pied mignon, elle se mit à marcher lentement, se démêlant du dédale d'appartemens qui l'environnait, et rejoignit enfin le salon où Lucie, de son côté, méditait aux moyens de donner de ses nouvelles à Louis Marnaud.

Olivia, en se présentant, avait repris sa sérénité commandée; elle embrassa par deux fois Lucie, et avec un ton protecteur et caressant :

— Cessons d'avoir peur, ma toute belle, des loups, des voleurs ou des spectres; car, à part votre frère, qui m'a la mine d'un tapageur, ce château mystérieux renferme une manière de héros; un militaire réellement brave et distingué, je viens de le reconnaître sous le modeste costume qu'il a adopté, cachant son grade positif de sous-lieutenant, décoré sous les chevrons des grades inférieurs; on ne l'accusera pas d'ambition puisqu'il n'arbore que les insignes du soldat.

Un simple regard de Lucie demanda la révélation du nom qu'on taisait.

— C'est, poursuivit Olivia, le fils du fermier

du factotum de votre père, Laurent Rumier. Il a fait parler de lui à Paris.

Lucie répondit que ce jeune homme l'avait frappée dès son abord par le grand air de ses manières, et qu'elle ne s'étonnait pas maintenant de ce qu'on lui en apprenait.

— Au demeurant, c'est un philosophe, un sage, il ne s'est jamais énivré, n'a complimenté que ce qu'il appelle des femmes honnêtes, n'a par conséquent trompé qui que ce soit; je le craindrais pour vous, ma belle amie, si vous ne songiez à Toulouse en soupirant.

Cette autre attaque n'eut pas plus de succès que la première, et Lucie, pour bien l'éluder, ramena la conversation sur Laurent. Olivia répéta ce qu'elle avait dit à moitié à Jules, qu'elle et M. Rumier s'étaient rencontrés chez des personnes tierces où il jouissait d'une réputation excellente. La sévérité de ses principes le rendait injuste parfois; car il se préoccupait à voir le mal là où il n'y en avait pas l'ombre.

— Nous nous séparâmes, ajouta la prétendue comtesse, assez mal ensemble, presque brouillés, même il prit de travers ma conduite à l'égard d'une jeune femme à laquelle il portait de l'intérêt, repoussa l'explication de ma conduite, que je lui offrais ; car je ne sais pourquoi il comptait dans un certain monde, et je tenais à son estime. Il s'éloigna brusquement, nous nous perdîmes de vue, et certes, depuis lors, j'avais peu pensé à lui. Le destin nous a remis en présence... On ne peut jamais dire : Celui-là, je ne le reverrai point.

Olivia se tut et se mit à rêver; Lucie en fit autant de son côté. La pendule posée sur la cheminée venant à sonner, rappela l'Italienne à sa position présente, et elle se mit à pousser un long éclat de rire et dit aussitôt :

—Mademoiselle Renal, deux femmes en présence, deux beaux garçons rôdant autour d'elles peut-être, et deux bouches muettes, cela est rare, et ne se voit assurément qu'à Terclens. Pourvu que ces vieilles murailles ne nous préparent pas quelque chose de plus extraordinaire; voyez comme elles sont noires. Le jour tombe entièrement, si nous pouvions avoir de la lumière? j'abhorre les ténèbres et les pensées qu'elles provoquent! Jamais l'âme n'est mieux éclairée que lorsque les yeux ne le sont pas.

FIN DU TOME PREMIER.

TABLE.

Chapitres.		Pages.
I	Le Frère et la Sœur.	1
II	Le Père et les Enfans.	21
III	Un Ami.	41
IV	Une Maîtresse.	61
V	L'ex-Tuteur.	81
VI	Le Piége.	101
VII	Il veut aller à la Vertu.	123
VIII	L'Abîme.	145
IX	L'Épicier.	163
X	Une Intrigante.	183
XI	Le Dîner.	209
XII	Les Voleurs de grands chemins.	225
XIII	Le Nom fatal.	259
XIV	Le Vieux Château.	285

NOVEMBRE 1835.

PUBLICATIONS

DE

LA LIBRAIRIE

DE CHARLES ALLARDIN,

RUE DES POITEVINS, 5.

PARIS.

PAGES.

Histoire des Francs, par le comte de Peyronnet, 2 forts vol. in-8°, vign., 16 fr.   3

De Paris à Naples, par A. Jal, auteur des Scènes de la Vie maritime, 2 forts vol. in-8°, 15 fr.   4

Deux Sœurs, par Chabot de Bouin, auteur d'Elie-Tobias, 2 vol. in-8°, 15 fr.   6

La Famille du Voleur, par Lamothe-Langon, 2 vol. in-8°, 15 fr.   8

Madame de Sommerville, par Jules Sandeau, 2ᵉ édit., 3 vol. in-12, 9 fr.   9

Le baron d'Holbach, roman, par Claudon, 2 forts vol. in-8°, 15 fr.   11

Almaria, par le comte Jules de Rességuier, 1 vol. in-8°, 3ᵉ édit., vign., 7 fr. 50 c.   12

La Dixième Muse, par Jules Sandeau, 1 vol. in-8°, 7 fr. 50 c.   12

Filiales, par Mˡˡᵉ Soumet, 1 vol. in-8°, 7 fr. 50 c.   14

Un Cœur de jeune Fille, par Michel Masson, 1 vol. in-8°, 2ᵉ édit., vign., 7 fr. 50 c.   ib.

Un Secret, par Michel Raymond, 2ᵉ édit., 4 vol. in-12, 10 fr.   ib.

Imprimerie de Henri Dupuy, rue de la Monnaie, 11.

HISTOIRE DES FRANCS

PAR

LE COMTE DE PEYRONNET.

2 FORTS VOL. IN-8, AVEC VIGNETTE. — PRIX : 16 FR.

On peut dire de cet ouvrage ce que Montaigne disait du sien : *Ceci est un livre de bonne foi !* C'est déjà un grand mérite, mais ce mérite ne suffirait pas à une œuvre aussi grave, aussi capitale, et le public qui attendait avec impatience *l'Histoire des Francs*, espérait autre chose encore du talent déjà éprouvé de M. de Peyronnet. L'attente générale n'a point été trompée : dans ces deux volumes, qui bien que formant à eux seuls une histoire complète de la première race de notre monarchie, ne sont, à proprement parler, que les fondemens jetés d'un monument vaste et durable, dans ces deux premiers volumes, dirons-nous sans crainte de nous attirer le reproche de partialité, le prisonnier de Ham s'est élevé à la hauteur des plus célèbres historiens. Récit vif et chaleureux, appréciation juste à la fois et profonde des hommes et des faits de cette époque si éloignée de nous, style concis et qui dit beaucoup à l'aide de peu de mots, tableaux magnifiques de vigueur et de coloris, dans lesquels la lumière, qui fait si habilement ressortir les traits principaux de l'ensemble, ne laisse dans l'oubli aucun détail même le plus mince : rien ne manque à cette production vraiment nationale ; et si l'on était tenté de nous accuser d'exagération, qu'on lise les journaux de tous les partis, des couleurs les plus opposées : tous ont été d'accord pour rendre à M. de Peyronnet cette justice, convertie à l'instant même par le seul fait de sa position personnelle en un éclatant éloge, que jamais plus fidèle et plus impartial historien n'avait compulsé les vieilles annales de son pays pour en faire un livre plus original. Jamais, il faut en convenir, les diverses opinions politiques ne s'étaient réunies dans un plus unanime concert de louanges données à un même ouvrage, et en le louant à notre tour nous ne nous faisons, ce dont nous sommes fiers, que l'écho de la presse tout entière.

Que dirions-nous maintenant qui n'ait été dit? qu'ajouterions-nous à cette foule de jugemens venus de tant de points différens et si énergiquement formulés par les critiques les plus distingués en faveur de *l'Histoire des Francs?* Nous comptions sur un beau succès : le succès a été immense, car chacun, attiré d'abord par le nom de l'historien, a reconnu bientôt que ce livre, fruit d'études sans nombre, de méditations sérieuses, écrit durant les longues heures de la captivité, renfermait en lui plus que l'attrait d'une curiosité, bien légitime sans doute ; qu'en un mot, c'était une œuvre de conscience, l'œuvre d'un beau talent qui fait honneur à notre pays. Une *Histoire des Francs* manquait ; à dater d'aujourd'hui elle existe, et l'adressant à ceux pour qui surtout elle est faite, M. de Peyronnet l'a noblement dédiée à la jeunesse française qui, nous l'espérons, acceptera avec joie et reconnaissance le legs du prisonnier.

DE PARIS
A NAPLES,

Études de Mœurs, de Marine et d'Art,

PAR A. JAL,

AUTEUR DES SCÈNES DE LA VIE MARITIME.

2 forts vol. in-8.—Prix : 15 fr.

Plusieurs journaux de la capitale ont répété des fragmens de cet ouvrage que nous venons tout récemment de publier, et sans compter ce fait qui seul prouve déjà en sa faveur, beaucoup d'entre eux ont accompagné leurs extraits d'éloges que nous croyons mérités. M Jal, en effet, déjà connu fort honorablement comme artiste par ses spirituelles critiques sur les *salons* depuis dix ans, et aussi par son excellent ouvrage : *Scènes de la vie Maritime;* M. Jal a trouvé le moyen d'être original en travaillant sur un fond que l'on pouvait croire épuisé. Que n'a-t-on pas dit, que n'a-t-on pas écrit sur l'Italie ? Naples, Rome, Florence, Venise, ont été tour à tour explorées par nos voyageurs, exploitées par nos romanciers et nos auteurs dramatiques ; mais, disons-le en toute sûreté de conscience, personne n'a observé aussi finement, raconté aussi naïvement, écrit avec une aussi franche et spirituelle gaieté que vient de le faire M. Jal. Son livre est une relation simple et vraie, sans enflure, sans affectation, de ce qu'il a vu et senti ; c'est un livre amusant et instructif à la fois, qui n'a pas, comme certains autres sur le même sujet, le pédantisme d'un traité de géographie ou de peinture, et avec lequel, sans quitter son feu, on peut faire une délicieuse excursion dans ce pays des merveilles. Ce qu'il y a de sûr, c'est que M. Jal ne vous laissera pas le temps de vous ennuyer en route. Il voit tout, s'arrête partout, et à propos de tout, vous fait rire, vous intéresse ou vous attendrit.

Chargé par le ministre de la marine d'une mission spéciale, l'auteur de *Paris à Naples* a su mettre à profit son voyage pour étudier les mœurs et les monumens des contrées qu'il a visitées. Ce n'est pas en envoyé officiel qu'il court la poste, c'est en bon bourgeois parisien qu'il se promène, avide de connaître, curieux de nouveautés, amateur d'art et de science ; mais en même temps il apprécie et juge en homme du monde. A la fois marin, musicien, peintre, simple voyageur, il a beaucoup appris et retenu, et maintenant, avec un style élégant et facile, deux qualités bien rares de nos jours, il vient nous faire part de ses connaissances nouvelles et de ses impressions. Cet ouvrage doit plaire à tout le monde, car il s'adresse à tout le monde. Le peuple n'y est point oublié. M. Jal l'a vu dans la rue, l'a suivi dans les théâtres, l'a examiné dans les fêtes, et il l'a peint de main de maître. L'art, la science et la marine gagneront à ce livre dont le succès, déjà retentissant à Paris, ne peut que s'accroître et grandir. En un mot, en fait de voyages en Italie, celui de M. Jal a encore une fois justifié le proverbe : *Aux derniers les bons.*

DEUX SOEURS,

HISTOIRE CONTEMPORAINE,

PAR

JULES CHABOT DE BOUIN,

Auteur d'ÉLIE TOBIAS.

2 VOL. IN-8. — 15 FR.

Le jeune auteur de ce roman a débuté l'an dernier par un beau succès. Son premier ouvrage *Elie Tobias*, dont une édition fut complètement épuisée en peu de mois, n'a sans doute pas été oublié de ses nombreux lecteurs. Accueillie, dès son apparition, par la critique avec des éloges qui n'étaient pas seulement de la bienveillance, cette œuvre éminemment chaleureuse et dramatique, cette histoire d'un juif apostat par amour, luttant tour à tour contre sa passion et sa croyance, au milieu d'une action palpitante d'intérêt et d'événemens qui offrent une piquante analogie avec certains événemens contemporains, ce début si heureux, en un mot, était à lui seul une garantie du mérite des études de mœurs que nous annonçons aujourd'hui.

Quittant le champ de l'histoire pour aborder une haute question de philosophie et de morale, M. Chabot de Bouin a pénétré dans le sein de la famille, il a découvert et mis à nu l'une des plaies qui rongent au cœur la société. Son roman des *Deux Sœurs* est un terrible anathème lancé contre ces prétendus philanthropes prêchant l'instruction égale pour tous, l'instruction universelle. Ce qu'il attaque enfin avec cette énergie qui part d'une conviction profonde, avec ce courage qui naît de la conscience de son droit quand on a été, comme lui-même avoue l'avoir été, victime de l'absurde système d'instruction qui nous régit, ce qu'il combat avec talent c'est la demi-éducation, ce vice radical de notre époque ; au moyen d'une fable claire et naturelle, il en fait ressortir les déplorables résultats : cette double existence de deux jeunes filles parties du même point et dirigées en sens contraires par une éducation opposée est fertile en scènes touchantes, et l'on arrive, le cœur ému, à l'un des dénouemens les plus dramatiques que nous connaissions, parce qu'il est vrai. La forme de ce livre est originale ; le style en est pur et vigoureux : on voit que l'auteur a fait d'immenses progrès sur ce point. Pour intéresser le lecteur, il n'a pas employé ces grands moyens si communs aujourd'hui : il n'a pas fait un appel aux passions et à l'esprit de parti ; il a seulement parlé le langage de la vérité, il est resté simple et naïf, et cette naïve simplicité, si pleine de charme, achèvera le succès déjà commencé de son nouveau roman. Nous devons ajouter aussi que M. Chabot de Bouin est arrivé sans effort à émouvoir le cœur, ce qui est un moyen de réussite qui ne manque jamais son effet : de l'émotion aux larmes il y a si près ! Les *Deux Sœurs*, nous n'en doutons pas, placeront le jeune écrivain à un rang fort honorable parmi nos littérateurs les plus distingués, et lui vaudront à coup sûr l'estime et les suffrages des bons esprits.

LA FAMILLE DU VOLEUR

PAR

LAMOTHE - LANGON.

2 VOL. IN-8. — PRIX : 15 FR.

Parmi les romanciers les plus marquans de notre époque, il en est peu dont le nom ait plus influé que celui de l'auteur de ce nouveau roman sur la destinée des cabinets de lecture ; M. de Lamothe-Langon en est la providence et la providence féconde et secourable. Tant de succès ont été obtenus par lui, qu'il est presque inutile d'énumérer ici les nombreuses publications de l'auteur des *Mémoires de madame Dubarry*, de ceux *d'une Femme de qualité*, des *Soirées de Louis XVIII*, ouvrages dont la réputation est européenne. Ainsi que ces divers Mémoires historiques, écrits d'un style si incisif et si mordant, on a traduit dans plusieurs langues tous les romans signés du même nom, romans qui font, depuis vingt ans, la fortune des catalogues de la librairie française et étrangère. Rappeler des ouvrages tels que *M. le Préfet, le Chancelier et les Censeurs, la Cour d'un Prince régnant, l'Espion de Police, le Grand-Seigneur et la Pauvre Fille, Louis-Philippe-Égalité*, et tant d'autres, citer ces titres de M. de Lamothe-Langon à la bienveillance du public qui a toujours accueilli avec un intérêt croissant chacune de ses productions, c'est signaler un succès de vogue acquis par avance à l'œuvre nouvelle du romancier. Rentrant dans les peintures de mœurs, dans les scènes animées de la vie réelle, pour lesquelles il conserve une prédilection toute particulière, il nous initie aux péripéties d'un drame qui fait pleurer et frémir. Le titre est déjà un gage d'émotions pour la curiosité du monde lisant; c'est *la Famille du Voleur!* Que d'infortunes, de vices et de misères se devinent sous ces mots! Là, en effet, apparaissent des personnages que la société a corrompus, et qui se relèvent par la puissance de leur énergique volonté, tandis que d'autres, simplement et naturellement vicieux, croupissent dans la dégradation, sans pouvoir ni vouloir en sortir; là, des caractères naïfs et vrais pour la reproduction desquels il semble que la nature a été prise sur le fait, de ces portraits dont, sans connaître l'original, on dit au premier aspect : C'est ressemblant! là, enfin, de l'observation, de l'intérêt, une action qui ne permet pas de déposer le livre une fois qu'il est ouvert, de la gaîté tour à tour et des larmes, tout un monde, tout ce que la vie privée renferme de plus piquant et de plus tragique. Mais à côté des figures hideuses que le titre seul fait deviner, on trouve de douces et touchantes physionomies; la vertu est dignement représentée dans ce roman qui la fera aimer. M. le baron de Lamothe-Langon n'a rien omis dans ce dernier enfant de son talent fécond et varié, pour lui assurer un succès aussi grand et aussi durable qu'à ses aînés.

MADAME
DE SOMMERVILLE,

PAR

JULES SANDEAU.

2ᵉ ÉDITION. 3 VOL. IN·8. PRIX : 9 FR.

Depuis six mois ce livre manquait dans le commerce, la première édition publiée l'année dernière en 1 vol. in-8° ayant été complètement épuisée ; un aussi prompt écoulement a nécessité une réimpression. C'est elle que nous offrons au public, en 3 vol. in-12.

Le succès éclatant de *Madame de Sommerville* fut moins dû à l'intérêt qui s'attache au nom du jeune auteur qu'à celui qu'excita l'ouvrage lui-même. Aussi, il faut le dire, jamais intérêt plus marqué ne fut mieux justifié : style élégant et poétique, mais d'une poésie simple et touchante, élévation de la pensée, incidens vrais et habilement ménagés; connaissance profonde du cœur humain, admirable naïveté dans la peinture des caractères, du principal surtout, naïveté qui, loin d'exclure le drame, le grandit au contraire et le fait ressortir encore davantage : telles sont les qualités qui ont porté ce roman à côté des plus remarquables productions en ce genre que compte notre époque, et l'auteur au premier rang dans notre jeune littérature. *Madame de Sommerville* est une œuvre d'art et de passion, une œuvre de bon ton, de bon goût, en même temps qu'elle révèle un talent supérieur et déjà mûr. Nous croyons pouvoir affirmer, sans crainte d'être démentis par aucun des lecteurs de ce livre, que rarement un écrivain s'est placé aussi haut du premier coup. Le succès obtenu lors de la première édition continue pour la seconde dont il ne nous reste qu'un petit nombre d'exemplaires, et il ne s'arrêtera pas là, car nous savons de bonne source que le théâtre ne peut tarder à reproduire un sujet si attendrissant et destiné, sous quelque forme qu'on le traite, à exciter l'émotion dans tous les sœurs, à arracher des larmes de tous les yeux.

LE BARON D'HOLBACH,

PAR F.-T. CLAUDON.

2 FORTS VOL. IN-8. — PRIX : 15 FR.

C'était chez le baron d'Holbach que se rassemblaient Voltaire et Diderot, d'Alembert et les autres encyclopédistes, ces philosophes qui sapèrent les fondemens de notre vieille société et semèrent les idées nouvelles qui devaient bientôt après enfanter l'immense révolution qui nous a fait ce que nous sommes ; à ce titre, si ce personnage célèbre ne trouve pas une vive sympathie dans tous les esprits, du moins le plus grand nombre sera-t-il curieux d'assister à sa vie privée, de le voir en famille, en déshabillé, après l'avoir suivi dans le grand monde où son caractère imposait le respect en dépit de la haine que ce monde portait à ses doctrines.

D'ailleurs, une haute pensée philosophique a inspiré M. Claudon lorsqu'il a entrepris de nous peindre le chef de ce qu'on appelait alors *la Synagogue*, et un jugement formulé de nos jours sur ces hommes qui nous ont légué leurs idées, ne saurait être chose indifférente. A part ce mérite que les littérateurs et les penseurs pourront seuls apprécier, ce roman renferme les élémens d'un intérêt plus général : c'est une promenade à travers les salons, une revue piquante des sommités littéraires et aristocratiques de toute la fin du dix-huitième siècle, une macédoine des portraits de Grimm, Beaumarchais, madame Dudeffant, madame Geoffrin, et de tant d'autres, sans compter ceux des grands hommes que nous avons cités plus haut, tous habilement dessinés de face ou de profil et artistement placés les uns à côté des autres dans le même cadre. Ajoutez à cela qu'un drame d'un puissant effet sert à mettre en relief ces physionomies et ces caractères si divers.

Ainsi il y a profit et plaisir pour tout le monde dans la lecture du *Baron d'Holbach*. Ceux qui ignorent les hommes de cette époque apprendront à les connaître, et ceux qui les ont étudiés déjà aimeront à retrouver de vieilles connaissances. Le succès n'était donc pas douteux, et le temps ne peut que l'accroître.

ALMARIA

ROMAN,

PAR LE COMTE JULES DE RESSEGUIER.

1 vol. in-8, 3ᵉ édition, avec vignette.

PRIX : 7 FR. 50 C.

Tous les journaux ont retenti du mérite de ce roman accueilli lors de son apparition avec un empressement peu ordinaire, et quelques semaines ont suffi à l'enlèvement des deux premières éditions; car c'était une nouvelle étoile qui brillait à l'horizon littéraire, que cette *Almaria* moitié Espagnole, moitié Mauresque, beauté chevaleresque et poétique dont la tête est couverte d'un turban et l'épaule d'une mantille : charmant portrait dont on voudrait retrouver le modèle, rêve précieux d'une nuit de poëte. Dans cette délicieuse nouvelle on admire l'élégance et la finesse d'expression qui distinguent les vers de l'auteur des *Tableaux poétiques* que toute la France a lus. M. le comte de Rességuier a su répandre un grand charme sur son *Almaria*, œuvre essentiellement littéraire, d'un intérêt si entraînant néanmoins et à la portée de tous les lecteurs, car il est donné à tous de comprendre ce qui est touchant et vrai. D'après cela nous n'étonnerons personne en annonçant que cette troisième édition obtient toute la vogue des premières.

LA DIXIÈME MUSE,

PAR JULES SANDEAU.

1 VOL. IN-8. — PRIX : 7 FR. 50 C.

Le nom de l'auteur de *Madame de Sommerville* serait déjà une belle recommandation à donner à cette nouvelle publication, si nous ne trouvions une excellente garantie du succès dans l'ouvrage lui-même. *La Dixième Muse*, c'est une jeune fille, comme on en a tant vu malheureusement de nos jours, tourmentée du désir de la gloire, qui abandonne des biens réels pour courir après une vaine renommée, poussée qu'elle est par un faux instinct de ses forces et de son talent : de la *Dixième Muse* ressort une admirable moralité. Quant au charme et à l'intérêt du récit, quant aux scènes dramatiques et touchantes, on peut s'en rapporter pour cela au jeune romancier qui a déjà fait ses preuves. Il saura nous raconter cette histoire, trop vraie hélas! avec ce style pur et coloré qui distingue toutes ses productions.

Ce livre renferme en lui-même tant d'élémens d'émotion, il est écrit avec une si attachante simplicité, qu'une fois ouvert, il faudra qu'on l'achève sans désemparer, et qu'on l'achève le cœur ému, les yeux mouillés de larmes.

Ce roman s'adresse surtout aux femmes ; elles surtout le comprendront et l'aimeront parce qu'il leur parle d'elles ; ce sont elles qui en feront le succès, et les succès faits par elles sont les meilleurs et les plus durables. — Nous ne craignons pas de le prédire : *la Dixième Muse* augmentera la belle réputation de romancier que s'est acquise M. J. Sandeau. Nous ne craignons pas non plus de l'avouer : l'éditeur peut compter sur une brillante réussite. *Madame de Sommerville* est là pour lui en répondre.

FILIALES

PAR MADEMOISELLE GABRIELLE SOUMET.

1 VOL. IN-8. — PRIX : 7 FR. 50 C.

UN COEUR DE JEUNE FILLE,

PAR MICHEL MASSON.

1 VOL. IN-8, AVEC VIGNETTE, 7 FR. 50 C.

Le nom de l'auteur de *Thadéus le Ressussité*, du *Maçon*, etc., nous dispense de tous éloges sur ce charmant ouvrage.

UN SECRET

PAR MICHEL RAYMOND.

4 VOL. IN-12, 2ᵉ ÉDITION, 10 FR.

Nommer l'auteur des *Intimes*, c'est rappeler un succès immense, car peu de romans modernes ont obtenu une plus éclatante vogue.

AU MOIS DE MAI, par Albert de Calvimont, 1 vol. in-8, avec vignette. Prix : 7 fr. 50 c.

LES ASPIRANS DE MARINE, par Edouard Corbière ; 2 vol. in-8. Prix : 12 fr.

LE NEGRIER, aventures de mer, par Edouard Corbière ; 2ᵉ édition, 4 vol. in-12. Prix : 10 fr.

HISTOIRE DE LA LEGION-D'HONNEUR, par M. Saint-Maurice ; 1 beau vol. in-8, avec planches. Prix : 8 fr.

L'ART DE VERIFIER LES DATES, ou Chronologie historique de toutes les parties du monde connu.

1ʳᵉ partie, avant J.-C.......	5 vol.	in-8.
— —	1 vol.	in-4.
— —	1 vol.	in-fol.
2ᵉ partie, de J.-C. à 1770...	19 vol.	in-8.
— —	5 vol.	in-8.
3ᵉ p., de 1770 à nos jours...	9 vol.	in-8.
— —	2 vol.	in-4.
— —	2 vol.	in-fol.
Chronologie de l'Amérique..	8 vol.	in-8.
— —	2 vol.	in-8.
— —	2 vol.	in-fol.
Prix de chaque vol. in-8 :	7 fr.	
— — in-4 :	45	
— — in-fol :	75	

Chaque partie se vend séparément.

HISTOIRE SCIENTIFIQUE ET MILITAIRE DE L'EXPÉDITION FRANÇAISE EN ÉGYPTE, avec une Histoire ancienne et moderne de l'Egypte, depuis les Pharaons jusqu'à nos jours; par MM. le comte Belliard, Bory de Saint-Vincent, marquis de Chateau-Giron, comte d'Aure, baron Desgenettes, Dutertre, marquis de Fortia d'Urban, Geoffroy Saint-Hilaire père et fils, les généraux d'Anthouard, Digeon, Dode, Gourgaud, A. Michaud, J. Miot, Sabathier et Tromelin, baron Larrey, le lieutenant-colonel Moret, Parceval de Grandmaison, Poussielgue, Peyrusse, comte Rampon, Redouté, baron Taylor, A. de Vaulabelle; sous la direction de MM. X.-B. Saintine, J.-J. Marcel, L. Reybaud.

DIVISION DE L'OUVRAGE.

1º. Histoire ancienne de l'Egypte, sous les Pharaons, les Ptolémées, les Perses, les Grecs et les Romains. . . . . 1 vol.

2º. Histoire ancienne depuis Mahomet, sous les Arabes et les Turcs, jusqu'à l'expédition française. . 1 vol.

3º. Histoire scientifique et militaire de l'expédition, sous Bonaparte, Kléber et Menou. . . . . 6 vol.

4º. Histoire moderne de l'Egypte, depuis le départ des Français et sous le gouvernement de Mohammed-Aly. . . . . 2 vol.

5º. Les planches, vues, cartes et plans, au nombre de 324 in-4, qui se réunissent en deux volumes oblongs, à la tête desquels se trouve l'explication détaillée des gravures. . . . . 2 vol.

12 vol.

L'ouvrage, publié en 54 livraisons, est maintenant complet.

Prix de chaque livraison, avec l'atlas de 6 planches in-4 et 3 portraits : 5 fr.

Prix de l'ouvrage complet, composé de 10 vol. in-8, de 2 vol. in-4 de planches : 270 fr.

L'éditeur accordera des facilités pour le paiement des livraisons parues.

DICTIONNAIRE DES SCIENCES MATHEMATIQUES PURES ET APPLIQUEES; par une Société d'anciens Elèves de l'Ecole polytechnique, sous la direction de A.-S. Montferrier.

Le Dictionnaire de Sciences mathématiques formera 2 vol. in-4, qui contiendront la matière de plus de 20 vol. in-8.

Le premier volume, de 580 pages et 34 planches, entièrement fini et broché, se vend 16 fr.

Le deuxième volume paraît par livraisons hebdomadaires, au prix chacune de : 40 c.

      Franco,   50

Chaque livraison est composée de 2 feuilles in-4, imprimées à deux colonnes.

Après la publication de l'ouvrage, le prix de chaque volume sera porté à 20 fr.

HÉLÈNE VAILLANT,

PAR JULES SANDEAU,

Auteur de *Madame de Sommerville*.

1 vol. in-8°. — 7 fr. 50 c.

DEUX SOEURS

(HISTOIRE CONTEMPORAINE),

PAR JULES CHABOT DE BOUIN,

Auteur d'*Élie Tobias*.

2 vol. in-8°. — 15 fr.

LE BARON D'HOLBACH,

ROMAN PHILOSOPHIQUE,

PAR CLAUDON.

2 forts vol. in-8°. — 15 fr.

www.ingramcontent.com/pod-product-compliance
Lightning Source LLC
Chambersburg PA
CBHW070859170426
43202CB00012B/2125